目　次

【論　説】

〈共通論題〉

国際経済法の発展における OECD の役割

座長コメント……………………………………………中　谷　和　弘… 1
　——OECD と国際経済法——

国際社会のルール・メーキングと OECD ………………髙　橋　誠一郎… 5

国際租税法における OECD の役割とその位置づけ………渕　　　圭　吾… 15

外国公務員贈賄防止条約のフォローアップにおける
　OECD の役割——日本の事例——……………………梅　田　　　徹… 37

多角的貿易体制と OECD …………………………………濱　田　太　郎… 62
　——OECD とガット・WTO の相互関係——

地域経済統合と法の統一

座長コメント……………………………………………髙　杉　　　直… 81

ラテンアメリカ地域における経済統合と競争法の調和………諏　佐　マ　リ… 85

アフリカにおける地域統合と法統一………………小塚荘一郎・曽野裕夫…106

〈自由論題〉

EPZs in a Multilevel International Economic Law: Achieving EPZ
　Compliance with Multilateral and Regional Trade Agreements
　and International Soft Law ………………… Alejandra Maria González…124

米国海外腐敗行為防止法（FCPA）の域外適用と
　各国の対応………………………………………………内　田　芳　樹…148

WTO 紛争解決手続における DSU25 条仲裁の位置づけ……張　　　博　一…171

【文献紹介】

Valentina Vadi,
　*Cultural Heritage in International Investment Law and
　Arbitration*……………………………………ウミリデノブ　アリシェル…193

Yves Bonzon,
　Public Participation and Legitimacy in the WTO ……関　根　豪　政…197

Frédéric SCHMIED,
　*Les effets des accords de l'OMC dans l'ordre juridique
　de l'Union européenne et de ses Etats membres* ………兼　頭　ゆみ子…202

Chris Brummer,
　*Soft Law and the Global Financial System: Rule Making
　in the 21st Century* ……………………………………野　村　美　明…206

藤澤尚江
　『債権・動産を活用した金融取引と国際私法』………森　下　哲　朗…210

編　集　後　記 ……………………………………………………………… 215

論　説　国際経済法の発展における OECD の役割

座長コメント
―― OECD と国際経済法 ――

中　谷　和　弘

　日本が OECD 加盟50周年を迎えた2014年に本学会において OECD をとりあげたことはそれ自体が非常に意義深いことであるが，今回のセッションは単なる commemoration にとどまらない現代的な意義を有するものであったと思われる。それは，グローバル化が進展すると同時に様々なアクターが一見無秩序な動きをする現代国際社会の中で，世界最大のシンクタンクとも呼ばれる OECD が様々な分野でのルール・メイキングを通じて国際経済法の発展を重要な貢献してきたことをふりかえることが，明日の国際社会における経済秩序を考える上で極めて重要だからである。しかしながら，OECD についてのまとまった研究は極めて少なく，2000年に刊行された村田良平『OECD』（中公新書）によると，「日本のみならず，米，英，独，仏の各国で OECD の全貌を紹介している本があるかどうか探してみたが，ついに一冊も見出すことができなかった」とのことである。残念ながらその後の状況にも大きな変化はないであろう。OECD は「地味な成功者」ゆえにかえって注目されない存在なのかもしれない。
　一般には OECD は「先進国クラブ」としてのみ認識されてきた。我々研究者も OECD の組織自体や活動実態について包括的に把握する努力を欠いていたのではないだろうか。この点は自戒しなければならないであろう。
　その意味でも，今回のセッションにおける4報告を通じて，OECD が国際経済法の諸分野でのルール・メイキングをリードしてきたことを一通り概観で

きたことは，大きな意義を有するものであったといえよう。とりわけ，租税と贈収賄という主題は，貿易と投資という国際経済法の二大分野ではカバーされない独自の重要な課題を含むものであると同時に，貿易と投資による自由経済のメリットを危機に晒しかねないものであり，これらの意味からも特に貴重な視座を国際経済法学に与えるものであるといえよう。

　OECD の coverage は極めて広く，OECD 東京センターのホームページではテーマ別主題として，農業・漁業，贈賄・汚職，化学物質の安全性・生物学的安全性，競争，コーポレートガバナンス，開発，経済，教育，雇用，環境，金融，グリーン成長・持続可能な発展，健康，産業・起業，イノベーション，保険・年金，国際人口移動，インターネット，投資，パブリックガバナンス，地域開発・都市開発，規制改革，科学技術，社会問題，税制，貿易，エネルギーの27の主題が挙げられている。国際経済法に直結する主題に限定しても，今回のセッションで扱った主題はその一部にとどまる。

　OECD が国際経済法の諸分野におけるルール・メイキングをリードしてきたことは事実であるが，このルール・メイキングは常にすべてのステークホルダーを満足させることができるとは限らず，厳しいチャレンジを受けることもある。その典型が1998年に挫折した MAI（多数国間投資協定）構想であったといえよう。将来も様々なチャレンジが生じることは十分に予期される。その意味で，OECD モデル租税条約を基礎に構築され，二重課税を回避する二国間租税条約体制の「間隙」を縫って，一部の多国籍企業が「二重非課税」状態になっていることをいかに是正するかという BEPS（税源浸食と利益移転）の動向は，一般の関心も高く，特に注目されるものといえよう。

　今回のセッションでは，3名の研究者（渕圭吾・学習院大学教授（当時），梅田徹・麗澤大学教授，濱田太郎・近畿大学准教授）による報告のみならず，高橋誠一郎・外務省経済局経済協力開発機構室長による報告及び川口尚子・OECD 東京センター報道広報官によるコメントもなされ，また活発な質疑応答もなされ

た。

　高橋室長の報告「国際社会のルール・メーキングとOECD」では，OECDの特長として，①経済社会の諸課題を扱う間口の広さと多様なステークホルダーの関与，②同質性を有する加盟国間で形成される高い水準の規範，③各国比較可能なデータと加盟国への政策提言を指摘した上で，OECDによる法規範生成につき，①ハード・ロー生成機関としての役割（例．資本移動の自由化に関する規約，経常的貿易外取引の自由化に関する規約，外国公務員贈賄防止条約等），②法的拘束力を有しないガイドラインの作成（例．多国籍企業行動指針），③モデル条約の作成（経済連携協定交渉や租税条約交渉での活用）といった様々な形でのルール・メーキングへの関与が見られるとする。日本としては，OECDが持つ潜在的規範形成機能を活用し，そのスタンダードを普及させるべきであり，今後の成長センターであるアジア（特に東南アジア）との橋渡し役を担っていくことが，ルール・メーキングに貢献していく上でも重要であると結論づける。

　渕教授の報告「OECDモデル条約の発展」（本誌では「国際租税法におけるOECDの役割とその位置づけ」と改題）は，まずOECDモデル租税条約の内容を概観した上で，租税条約の機能として，二重課税の回避，脱税の防止に加えて（証券）投資の促進という機能があることを指摘する。次に，国際連盟時代及びOEEC・OECDの時代におけるモデル租税条約の形成・発展を過程をフォローする。そして，OECD租税委員会の活動に関して，①モデル租税条約作成に直接関連する活動につき，モデル租税条約7条を例にとって検討し，②モデル租税条約とは直接に関連しない活動につき，有害な租税競争及びBEPSプロジェクトを例にとって検討した上で，国際租税法におけるOECDの役割は，OECD加盟国以外をも含む諸国の議論・合意形成の場所を提供していることだと指摘する。さらに理論的課題として，OECDの役割に関する研究動向及び意見公募手続の意義についてふれた後，モデル租税条約のコメンタリーの位置づけにつき，条約法条約32条にいう「解釈の補足的な手段」であって日

星租税条約の解釈に際しても参照されるべき資料だと判示したグラクソ事件最高裁判決に言及しつつ検討する。

梅田教授の報告「外国公務員贈賄防止条約のフォローアップにおける OECD の役割」は，OECD の外国公務員贈賄防止条約の特徴，フォローアップ体制の手続，フォローアップ体制の評価及び国連腐敗防止条約におけるレビューメカニズムについて検討するものである。同報告では，作業部会の指摘を受けた日本政府は，少なくとも初期の段階では，勧告を受け止めて，関連法令に関する是正措置をとってきたが，フォローアップの対象が法執行の局面に移ってからは必ずしも勧告された内容を素直に受け入れてきているとは言えないと指摘する。但し，国内実施状況を全般的に見ると，OECD 作業部会によるコントロール機能は一定程度成果を上げたと結論づけてよいと指摘する。

濱田准教授の報告「多角的貿易体制と OECD ──ガット・WTO と OECD の相互関係──」は，OECD とガット・WTO の従来の相互関係及び新たな相互関係について検討を加えるものである。貿易分野における OECD の役割としては，①ガットとの情報交換や事前交渉による合意形成の促進，②ガット・WTO との人的交流による情報共有，③貿易自由化に関する分析・政策提言，④広義の forum shopping の展開，⑤輸出信用・造船等の各分野における規範形成，が挙げられる。新たな相互関係については，紛争処理手続だけでなく交渉の場まで含めた広義の forum shopping が OECD とガットの間で繰り広げられているとして，造船協定交渉，鉄鋼協定・新造船協定交渉，FTA による補助金禁止規律，補助金協定による OECD 輸出信用ガイドライン取極の参照及び補助金協定による OECD 輸出信用ガイドライン取極の参照について検討を加える。

今回のセッションが契機となって，我が国における OECD の法的研究が活性化することを一国際法学徒として切望する次第である。

（東京大学大学院法学政治学研究科教授）

論　説　　国際経済法の発展における OECD の役割

国際社会のルール・メーキングと OECD

髙橋　誠一郎

Ⅰ　はじめに
Ⅱ　OECD とその特徴
　1　基本目標と役割
　2　OECD を特徴づけるもの
Ⅲ　OECD の法規範形成機能
　1　ハード・ローの生成
　2　ソフト・ロー規範形成
　3　国内法規範化
　4　法規範形成機能を支える先取性とダイナミズム
Ⅳ　OECD の現代的意義
　1　現代国際社会と OECD
　2　アウトリーチ活動を通じた OECD のグローバル・インパクト
　3　分野横断的取組と時代を先取りした活動
　4　分析手法開発と法規範形成
Ⅴ　結　語

Ⅰ　はじめに

　冷戦の終焉と国際社会・経済のグローバル化・ボーダレス化，非国家主体の出現や新興国の台頭等，「G ゼロ」世界等と称され，ともすれば既存の国際秩序に対するチャレンジが議論される現在の国際社会において，特にその法規範形成機能や国際社会の秩序維持の側面において OECD の現代的意義とは奈辺にあるのか。昨年我が国が OECD に加盟して50周年を迎えた機会に改めてこれを問うのが本稿の目的である。

なお，本稿で述べられた意見や見解は全て筆者個人によるものであり，筆者が所属する組織の立場を一切示すものではない。

II　OECDとその特徴

1　基本目標と役割

OECDは，第二次大戦後の欧州復興を目的とする欧州経済協力機構（OEEC：1948年設立）を改組・拡大する形で，「経済成長」，「開発協力」そして「自由貿易」の3つを基本目標に掲げ，経済政策調整，途上国の開発・支援，その他広く国際社会の経済社会分野の諸課題の分析及び政策提言を担い，「世界のシンクタンク」，「スタンダード・セッター」として国際秩序形成・維持，更には我が国を含む加盟国の政策形成に少なからぬ影響力を与えてきた。

2　OECDを特徴づけるもの

その主たる特徴は，①「安全保障以外はほぼ全ての問題を取り扱う」と称されるほどの取り扱う分野と間口の広さと，②財界（経済産業諮問委員会（BIAC: Business and Industry Advisory Committee to the OECD））・労働者代表（労働組合諮問委員会（TUAC: Trade Union Advisory Committee to the OECD））等といった多様なステーク・ホルダーの積極的関与，③1434名（2014年現在）もの専門家スタッフに支えられた強力なシンクタンク機能（「世界最大のシンクタンク」）による各国政策の比較可能なデータ分析の提供と右に基づく政策提言，④こうした提言を受けて加盟国間で形成される先進的かつ高水準の規範形成，特に同質性に基づく信頼感と，それによって支えられたコンセンサス方式は，新たな共通の課題に直面して，加盟国があるルールを国際約束に熟成するのを待つことなく，普遍的価値を共有する国の責任として自主的に採用するという意味でも先進的であり，現代のグローバルかつ急速に変化する課題に柔軟に対応可能であること，そして⑤これらを強制や強圧ではなく互いに圧力を掛け合って

("peer pressure") モニターし，事態の是正を図らんとする柔軟かつ緩やかな履行方式である。

III　OECDの法規範形成機能

1　ハード・ローの生成

OECD は，50年以上も前より「資本移動の自由化に関する規約」と「経常的貿易外取引の自由化に関する規約」(いずれも1961年採択) から成る「自由化規範（"Codes"）」，更には「内国民待遇インストルメント」(同91年理事会決定) といった国際的な資本移動・投資自由化に向けた法的拘束力を有する法規範を整備，その履行・順守は，現在に至るまで新規加盟プロセスにおける最重要審査事項の1つであり，既加盟国も "peer pressure" の履行管理・審査の下に置かれている。

特に「自由化規範」の内容は，留保の追加・拡大を原則不可とする stand still 原則や一般例外，一時的セーフガード等，現在の投資協定や FTA/EPA 投資章の先駆となる内容を少なからず含んでおり，透明性確保のための通報義務と定期的な審査によりその履行を担保としている。我が国国内法制上も，外資法の廃止（同79年）や外為法改正（80-98年）等直接投資・為替自由化に向けた法規範形成上の影響力は極めて重大なものであった。

OECD はその後も包括的な投資と国際的な企業活動の自由化に向けた法規範形成に取り組み，95年の閣僚理事会において交渉開始が決定された，投資の自由化と保護，更には紛争解決手続きをも含む「多数国間投資協定（MAI: Multilateral Agreement on Investment）」は，労働・環境基準や文化保護等の「例外」規定の扱いを巡って決裂したが，急増する国際商取引に伴う公正な競争条件の確保を目的とした「外国公務員贈賄防止条約」については97年に採択，99年に OECD 加盟国以外も締結可能な開放条約として発効，現在締約国数は41に及び，国連等の国際枠組みにおける基準策定においてもモデルとなる規範

として大きな影響力を有している。その履行は国別審査の形で確保され，我が国国内法上も不正競争防止法に外国公務員贈賄罪（98年），国外犯処罰規定（2004年）を創設する法改正を施すなど，法規範形成上大きな影響を与えている。

2 ソフト・ロー規範形成

OECDは，以上のようなハード・ロー生成機関としての役割を果たしてきた一方，法的拘束力を有しない様々な指針や原則等ソフト・ローについては更に活発・積極的に発出しており，「世界のルール／スタンダード・セッター」と称される規範形成機関としてのOECDの主たる役割は実はこの点にこそ存在する。

例えば，「多国籍企業行動指針」（1976年採択その後現在の2011年改正版まで累次の改正を重ねている）は，雇用及び労使関係，環境保護等の事項について責任ある企業活動の在り方（RBC: Responsible Business Conduct）を規定しているが，文書自体に法的拘束力はなく，採用するか否かは企業側の判断に委ねられている。その上で，この指針の履行システムとしてユニークなのは，2000年の指針改正により創設された「各国連絡窓口」（NCP: National Contact Point）の仲介斡旋機能である。問題提起者からの問題提起を受けた各国NCPの仲介を通して企業側による対応が図られ，以て各国内での指針の履行確保が促進されるとともに，NCP間でベスト・プラクティスが共有・蓄積されることにより更にそのシステムとしての機能と信頼性が強化されることとなる。我が国では外務・経産・厚労各省の課長級の合議体により日本NCPが構成され，これに更に経団連及び連合が加わる形で諮問委員会を設置，問題提起される事案の増大とともにその活動を活発化させている。

3 国内法規範化

こうした指針・原則等のソフト・ローは，国内法規範化されるもの（例えば「電子商取引に関する指針」，「移転価格指針」，「プライバシー指針」等），あるいは加盟国間で順守すべき規範として事実上直接適用しているもの（例えば「輸出信用アレンジメント」）も少なくない。本年6月を目処に適用が開始される予定の我が国のコーポレートガバナンス・コードは，OECD原則を踏まえて策定されており，OECD原則との間で「コーポレート・ガバナンスは，企業の中長期的成長を通じた経済全体の成長を支えるもの」との基本理念を共有し，その章立てを基にコーポレート・ガバナンスの各分野を網羅している。この他，加盟国の二国間協定のスタンダードを提供する規範（例えば「モデル租税条約」）も順次改訂を重ねながら，形成されている。

4 法規範形成機能を支える先取性とダイナミズム

以上のように国際的に標準化された法規範生成のアイデア創生においてOECDが目覚ましい実績を上げてきているのは，上述Ⅱで挙げたOECDの特徴の中，構成メンバー国の同質性と先進性，専門家集団に支えられた強力な調査分析能力に負うところが大きいが，これらに加えて更に，相互審査等の"peer pressure"を通じて履行を確保し，それをまた"peer learning"等の形で比較・分析することによりそれぞれの分野・取り組みの中でのグッドプラクティスを蓄積し，必要に応じて改正作業が行われるといった一連の動態的な発展プロセスの中にもその淵源を見出すことが出来る。G7首脳会議の主要テーマとなる経済・社会問題も，OECDの考え方が反映されるよう閣僚理事会で調整されるのが慣行であったが，その理由の1つもこうしたOECDの先取性とダイナミズムにあるものと思われる。

Ⅳ　OECD の現代的意義

1　現代国際社会と OECD

　以上のように OECD は，その独特の特徴とシステムにより，様々な形で国際社会更には各加盟国におけるルール・メーキングに関与するユニークな国際機関であり，国際社会における法の支配の実現，更には国際秩序形成・維持に大きく貢献してきた。しかしながら，現実の世界は，冒頭Ⅰで述べたような国際関係の地殻変動の中にあり，OECD そのものも経済力で測った場合の相対的なパワーを低下（世界の GDP における OECD 加盟国の合計割合：80%（2000年）→60%（2015年））させ，リーマンショック後には先進国に主要新興国を加えた G20 が誕生する等，その存在意義を問う声も少なくない。

2　アウトリーチ活動を通じた OECD のグローバル・インパクト

　こうした中で，OECD が，同質性に裏打ちされた法規範形成機を維持しつつ，その影響力を更に拡大させるために取り組んできたのが OECD の「アウトリーチ」活動であり，その対象は，BRICS はもちろん，東南アジア，ラテン・アメリカ，東欧，中東・アフリカ諸国等全世界に及ぶ。OECD は，正式な加盟にあっては引き続きその同質性を実現せしめる一定のハードルを設ける一方，それぞれの委員会単位で非加盟国にも門戸を開くことで，高い水準の法規範を国際社会に浸透させ，公平な競争条件（"level playing field"）の確保といった現実の要請にも応えている。

　特に近年のアジア方面へのアウトリーチは目を見張るものがあり，2015年3月に北京で20周年行事を終えたばかりの中国との協力の発展の他，2014年5月に我が国が議長国を務めた閣僚理事会において立ち上げられた「東南アジア地域プログラム」についても2015年3月にインドネシアで児玉 OECD 代表部大使の共同議長の下，第1回運営グループ会合が行われ（http://www.mofa.go.jp/

mofaj/press/release/press4_001975.html），実質的な活動が我が国主導の下進展している。先般 5 月には OECD と ERIA（Economic Research Institute for ASEAN and East Asia（東アジア・アセアン経済研究センター）：我が国主導で設立された東アジア経済統合の推進を目的として，政策研究・政策提言を行う国際的機関）との間の協力覚書締結 1 周年行事がやはりインドネシアにて行われた他，APEC 等との協力も進められている。

　北京とジャカルタには OECD の常駐事務所が設立され，恒常的な形でこれら国・地域との協力・共同活動を積み上げており，それは文字通りこうした OECD により形成された高水準の法規範やレジームがこうした地域にまで拡大展開していることを意味する。

　また，2003年に我が国主導で始めた検討作業から発展した「投資のための政策枠組み」（PFI: Policy Framework for Investment）もある種のアウトリーチ的な活動を捉えることが出来る。PFI とは，基本的に非加盟国を対象に，投資受入れ国が，自国の投資環境を評価し，政策立案能力を高めるための「質問票」をベースにした整備支援活動であり，対象国は，投資政策や公共ガバナンス等10章82問の全て又は一部の質問に回答し，レビューを受けることで，国内法制を含む自国の投資環境を改善する取組につなげていく。現在，2015年閣僚理事会に提出することを目指して改訂作業が進められているが，これも "level playing field" の実現につながる現代の OECD のダイナミズムの一側面を成している。

3　分野横断的取組と時代を先取りした活動

　OECD の法規範形成機能は質的にも進化している。今日の OECD は，経済分野に留まらず，社会分野まで幅広くカバーし，グリーン成長や包摂的成長等といった分野横断的取組が積極的に進められ，ジェンダー，高齢化といった新しいグローバル・アジェンダにも他に先駆けて取り組んでいる。こうした先進

性・包括性を伴った取り組みは，従来からの G7 や国連は勿論のこと近年では特に G20 での議題を実質的に支えるものともなり，こうしたグローバル・ガバナンス・メカニズムを経由する形でもその法規範形成機能を発揮していると言える。

　新たな世界的な課題への最近の取り組みの中で最近特に注目されるのは「税源浸食と利益移転 (BEPS: Base Erosion and Profit Shifting)」への対策である。BEPS とは，グローバル企業が二重課税回避のための租税条約等国際的な税制の隙間や抜け穴を利用した節税対策により税負担を軽減している問題であるが，OECD は，これに有効に対処するための BEPS プロジェクトを立ち上げ，G20 の支持も受けながら，2014年9月から2015年12月の間に国際的に協調して BEPS に有効に対処していくための対応策を三段階で勧告する行動計画が策定され，最終的には多国間協定の成立を目指して活発に作業を進めている。

4　分析手法開発と法規範形成

　現代国際経済・社会の法規範形成に与える OECD の影響という意味でもう1つ見逃せないのが，その立法事実の提供にもつながる新しい分析手法の開発である。例えば「グローバル・バリュー・チェーン (GVC)」。OECD は，国境を越えてやりとりされるモノやサービスの最終消費財の総額を計る従来の貿易統計では実態をつかみきれず，完成品ベースではなく，どの国がどのような付加価値を付けたかという付加価値ベースで貿易の流れを分析するのが重要だと主張する。そして OECD は，従来の貿易統計とは異なり，各国で生み出された付加価値を取り出して貿易額を推計した「付加価値貿易 (TiVA: Trade in Value Added) データベース」を発表。このデータベースを通じて，例えば，どの国のどの業種が過去との比較で GVC への統合が進んでいるかといった GVC の形態や，部品等の中間財の取引の流れなど生産過程を通じて，供給国や最終消費国との貿易の実態把握が可能となった。

更にOECDは、一国のGVC参画のカギを握るサービス貿易障壁の「可視化」にも注目。各国の18のサービス分野の16,000を超える法律、規制をデータベース化して指標化し、「サービス貿易制限指標（STRI: Service Trade Restrictiveness Index）」として2014年に発表、OECD加盟国の他中国、インド、ブラジル等を含む計40カ国の市場が、交通、金融、流通等18の分野でどういう開放状況にあるのか、その実態の把握が可能となったが、こうしたツールによるデータや分析は、上述のソフト・ローの一部等と共にEPA交渉を支える議論にも寄与している。

　EPAの関係では更に、貿易委員会において、既存のEPA/FTAの規定のうち、サービス・投資・競争・知財等、WTOで合意されたものを越える規定の内容・傾向や共通性などを分析し、将来WTO全体の合意になり得るものを明らかにする「地域主義のマルチ化（Multilateralising Regionalism）」プロジェクトも行っており、投資委員会における協定交渉官や専門家による投資協定やISDSの比較分析作業等とともに、広く現代国際経済法の発展にも貢献していると言えよう。

Ⅴ　結　語

　これまでに見てきたように、OECDは、その成立以来半世紀以上の年月を経ながら、その時々の国際環境に合わせる形で独自の発展を遂げている。法規範形成機能においても、OECDの意義や役割は設立当時とは全く異なる現代の国際社会においても全く色あせることはなく、むしろその独特の輝きを増し続けている。

　国際経済・社会の新たな課題に誰よりも早く取り組み、活動範囲もアジアを含め世界に大きく展開するOECD。加盟から50年を経て、我が国外交・経済政策にとっても、その存在や活動は益々有意義なものとなっている。4月に行われたグリアOECD事務総長の訪日は、たった2日の日程にも拘わらず、安

倍総理の他6名もの閣僚及び黒田日銀総裁等との会談が行われた他,「OECDイノベーション教育ネットワーク(仮称)」発足記念シンポジウム,「コーポレート・ガバナンスと日本の成長戦略に関するシンポジウム」,OECD・経団連共催の「貿易投資セミナー」といった業界各方面に係る重要イベント行われた (http://www.mofa.go.jp/mofaj/ecm/oecd/page24_000430.html)。我が国政府としても,従来以上に積極的・戦略的な取り組みが求められている。

(外務省経済局経済協力開発機構室長)

論　説　国際経済法の発展における OECD の役割

国際租税法における OECD の役割とその位置づけ

渕　圭　吾

Ⅰ　はじめに
Ⅱ　租税条約の内容と機能
　1　租税条約の内容
　2　租税条約の機能
Ⅲ　モデル租税条約の歴史
　1　国際連盟時代
　2　OEEC・OECD の時代
Ⅳ　国際租税法における OECD の役割
　1　組　織
　2　モデル租税条約作成に直接関連する活動
　3　モデル租税条約とは直接関係しない活動
Ⅴ　理論的問題
　1　OECD の役割に関する研究動向
　2　OECD が提示する諸規範の法源性
　3　国際法としての法源性をめぐって
　4　国内法としての法源性をめぐって
　5　法源としての地位を支えるもの

Ⅰ　はじめに

　本稿は，モデル租税条約を中心に，OECD が国際租税法の分野で果たしてきた役割を振り返るとともに，若干の関連する理論的問題を取り上げる。
　本稿の構成は以下のとおりである。まず，OECD モデル租税条約を例にとって，一般に租税条約というものがどのような内容を備えており，またどのような機能を果たしているのか，説明する（Ⅱ）。次に，モデル租税条約の形

成・発展の過程について述べる（Ⅲ）。さらに，OECD が租税関係についてどのような組織を備えて，また，モデル租税条約及びその注釈の改訂以外にどのような活動を行っているのか，紹介する（Ⅳ）。最後に，いくつかの理論的問題に言及する（Ⅴ）。

Ⅱ　租税条約の内容と機能

1　租税条約の内容

　租税条約とは何か[1]。それはまず，租税一般に関する条約ではなく，所得課税に関する条約である[2]。ここで，所得課税とは，所得（income）を課税標準とする租税のことであり，個人に対する所得課税（日本の所得税）と法人に対する所得課税（日本の法人税）の両方を含む。

　OECD モデル租税条約を例にとって，租税条約の内容を見ていこう。

　第1章は，租税条約の対象を定める。1条（Persons Covered）は，条約の人的適用範囲を定める。それによれば，一方又は両方の締約国の居住者（residents）に対して，租税条約は適用される。2条（Taxes Covered）では，前述のように所得課税が対象であること，国税のみならず地方税も対象であることが明らかにされる。実際の租税条約では，地方税を含める場合（例，日米租税条約）と含めない場合（例，日独租税条約）がある。

　第2章は，定義規定である。3条は，一般的な用語の定義を定めている。注意すべきなのは，「者（person）」には個人のみならず法人も含まれるということである。3条2項は，条約において定義されていない用語の意義につき，課税しようとする締約国の国内法を参照している。

　4条は，居住者（resident）についての定義規定である。大まかに言えば，国際的二重課税排除のための措置を執る責務を負うのは居住地国であるから，ある者がいずれの締約国の居住者であるかということは，両締約国にとって重大な関心事である。4条は，何らかの所得を得る活動をしているという理由で

はなく住所や本拠地があるという理由に基づき課税を受ける者を居住者と定義している。なお，住所や本拠地があるという理由に基づく所得課税（居住地国としての資格に基づく課税）においては，様々な所得を合算して経費を差し引いた純額を基準とした税額を（納税義務者に）申告納付させるという課税方法がとられる。これに対して，所得を得るための活動が行われたという理由に基づく所得課税（源泉地国としての資格に基づく課税）においては，第3章で見るような各種所得の1つずつについてその（経費を差し引かない）総額を基準として（納税義務者に申告納付させるのではなく）支払者に源泉徴収させるという課税方法が用いられることが多い。

　5条は，恒久的施設（permanent establishment）を定義する。恒久的施設を有している，すなわち一定規模を超える経済活動を行っている非居住者は，居住者に準じて，純額を基準とした税額を申告納付する[3]。

　第3章は，各種所得に対する課税について定めている。6条は，一方締約国（a Contracting State）の居住者が他方締約国（the other Contracting State）にある不動産からの所得（income from immovable property）を得ている場合，この所得には他方締約国が課税できる（may be taxed in that other State），と定める。この居住者＝納税義務者を中心に物事を見る場合，一方締約国が居住地国，他方締約国が（所得の）源泉地国である。本条によれば（居住地国としての資格に基づく課税に加えて）源泉地国としての資格に基づく課税が許容されるわけだから，一見したところ不動産からの所得に対して国際的二重課税が生じてしまいそうである。しかし，このような国際的二重課税については，23条のところで後述するように，別途調整の仕組みが存在する。むしろ，6条の真髄は，源泉地国としての資格に基づく課税の対象が，当該国に所在する不動産からの所得に限られ，それ以上広がってはならない，ということにある。以下22条までの各条項においても，源泉地国としての資格に基づく課税の対象に限界を設けているところに，その本質がある。

7条は，事業活動からの利得（business profits）に対する課税について定める。一方締約国にある（モノとしての）事業・営業（enterprise）[4]が他方締約国において事業活動（business）を行う場合，この事業活動が恒久的施設を通じて行われる限りで，かつ，恒久的施設に帰属する利得の限りで，他方締約国は課税することができる。8条は，海運業・航空業等についての，7条の特則である。9条は，関連事業（associated enterprises）間の取引につき，独立当事者間のそれと同様の条件で行われたとみなして，課税関係を考えるべきであると定める。

10条は，配当（dividends）につき，受取人の居住地国が課税できることを確認しつつ（1項），一定の限度で（つまり一定の税率以下で）配当を支払う会社（company）の居住地国が（所得の源泉地国としての資格で）課税できることを定めている。11条は，利子（interest）につき，同様のルールを定めている。さらに，12条は，知的財産権の使用料（royalties）について，一定の例外を除いて，受取人の居住地国のみが課税できると定める。使用料の源泉地については，支払者の居住地国であるという考え方（債務者主義）と使用地であるという考え方（使用地主義）があるが[5]，この12条は，この点の対立に立ち入らずに，源泉地国による課税を免除することで締約国間での知的財産権の利用を促進しようとしているものと解される。

13条は，キャピタル・ゲイン（capital gains）について定める。キャピタル・ゲイン＝譲渡益について，それを得た者の居住地国が課税権を有することを前提に（5項），キャピタル・ゲインの源泉地国が課税権を有する場合が列挙されている（1-4項）。

15条は，雇用に基づく所得（income from employment）について，所得を得た者の居住地国で課税できることを確認した後，役務提供地が所得の源泉地であり，この源泉地国も課税できることを定めている（1項）。この原則の例外として，短期滞在の場合には，源泉地国は課税できない（2項）。16条（役員報酬），18条（年金）及び19条（公務員の報酬）は，15条に対する特則である。また，

17条は，芸能人及びスポーツ選手（entertainers and sportspersons）について，7条及び15条の例外を定めている。20条は，学生についての規定である。

21条は，これまでに列挙されたもの以外の所得（other income）について，専らそれを得た者の居住地国が課税できると定めている。

第4章（22条）は資本（capital）に対する課税について，資本所在地国が課税できる条件を定めている。

第5章は，二重課税排除の方法（methods for elimination of double taxation）を2つ掲げる。1つは，国外所得免除方式（exemption method）であり（23A条），もう1つは，外国税額控除方式（credit method）である（23B条）。居住地国は，いずれかの方式を用いて国際的二重課税を排除する責務を負っている。

特別の規定（special provisions）と題する第6章の諸規定，とりわけ，24条＝種々の無差別原則（non-discrimination），25条＝相互協議手続（mutual agreement procedure），26条＝情報交換（exchange of information），27条＝徴収共助（assistance in the collection of taxes）は，近時，その重要性を増している。この他，28条が外交官の免税特権，29条が適用範囲の地理的拡大について，それぞれ定めている。第7章は，条約の効力発生（30条）と終了（31条）についての規定を含んでいる。

2 租税条約の機能

租税条約の目的として，二重課税の回避及び脱税の防止が挙げられることが多い。実際，例えば，日米租税条約は，「二重課税の回避及び脱税の防止のための（for the avoidance of double taxation and the prevention of fiscal evasion）」条約と題している。OECDモデル租税条約第3章から第5章に至る諸規定が二重課税回避の機能を果たしており，また，第6章の諸規定が脱税の防止に役立つことは，確かである。

しかし，租税条約が実際に果たしている機能は，二重課税の回避及び脱税の

防止にとどまらない。二重課税の回避に必要な程度を超えて租税を軽減し、締約国間の投資を促進する、という機能を忘れてはならない。配当、利子、そして使用料についての、租税条約を通じた源泉地国課税への制限（ないし課税の免除）は、このような機能を果たしているものとして位置づけられる。

もっとも、租税条約を通じた投資促進、というとき、そこにいう投資とは基本的には証券投資（portfolio investment）を指しており、直接投資（direct investment）を含まない。直接投資、すなわち、外国資本の子会社または支店形態での国内進出は、子会社であれば内国法人＝居住者としての課税、支店であれば恒久的施設のある外国法人＝非居住者としての課税に服する。そして、前者については定義上、また、後者についてもOECDモデル租税条約7条のルールに従って、内国民待遇に従う。いずれにせよ、国際租税法が念頭に置いている「投資」が、国際経済法が念頭に置いているそれとは異なるということに、注意が必要である。

さらに、租税条約の基調の1つが外国からの証券投資を呼び込むための租税の軽減であるという事実は、国際課税に関する人々の行動を理解するためにも重要である。租税条約は、国内からの直接投資を税法上（形式的に）国外からの証券投資に見せかけることへのインセンティブを与える。人々は、彼の居住地国内への直接投資を行いつつ、税法上はあたかも国外からの証券投資が行われているかのように扱われ、それによって租税条約（国によっては国内法）の与える課税軽減の利益を享受することを望むのである。

III モデル租税条約の歴史

1 国際連盟時代

租税条約の起源は20世紀初頭に遡ることができる。また、遅くとも第1次世界大戦後には、国際商業会議所（International Chamber of Commerce）等の国際的組織において国際的二重課税排除に関する議論が行われていた。しかし、数

ある国際的組織の中で，国際的二重課税の排除の問題について中心的役割を果たすようになったのは，国際連盟（League of Nations）であった。

国際連盟における国際的二重課税についての検討は，1921年に財政委員会（Financial Committee）が，ブルインス，エイナウディ，セリグマン，スタンプという4人の経済学者に対して行った諮問に始まる[9]。彼らは，1923年3月，居住地国による課税を基調とする報告書をまとめ，財政委員会に提出した。

1925年には，同じく財政委員会の諮問を受けたヨーロッパ諸国の官僚たちによる報告書が登場する[10]。この1925年の報告書は，源泉地国による課税を基調としており，OECDモデル租税条約の直接の先祖といっても良い存在である。また，国際連盟経済委員会（Economic Committee）における議論を参照して内国民待遇の考え方を国際課税の世界に採用した点で，画期的なものだった[11]。

1926年には，前年の報告書を作成したメンバーを含めた新たな委員会の下での検討が開始された。この委員会は1927年4月に報告書を提出したが，この報告書には二国間租税条約のモデルの草案が含まれていた[12]。1928年には，前年の報告書を基礎として，3種類の租税条約草案が作られた[13]。

その後，国際的二重課税排除についての議論は，財政委員会に代えて新設された租税委員会（Fiscal Committee）の下で行われた[14]。そこでは，租税条約の内容の精緻化が図られた。とりわけ，現在のOECDモデル租税条約7条に対応する事項について，現代に受け継がれている基本的な考え方が提示された。

1943年と1946年には，国際連盟の下での議論の集大成となる，2つの二国間租税条約草案が公表された[15]。1943年のいわゆるメキシコ草案は，租税委員会の下部組織である地域会議によるものであり，アメリカ大陸諸国の政府関係者の見解を示すものであった。1946年のいわゆるロンドン草案は，租税委員会によるものである。

2 OEEC・OECD の時代

1946年に国際連盟が解散してから10年，1956年に OEEC（欧州経済協力機構）の租税委員会（Fiscal Committee）が国際的二重課税の問題についての議論を開始した[16]。これは，1955年2月25日の OEEC による二重課税に関する勧告を受けたものである[17]。OEEC 租税委員会は，1958年から1961年にかけて4冊の報告書を公表した[18]。その過程で，様々な論点に関する合意が形成された。もちろん，国際連盟時代の議論は尊重され，その枠組みは継承された。

1961年に，北米諸国を受け入れて，OECD（経済開発協力機構）が成立した。前述の4冊の報告書をもとに租税委員会は「租税条約草案（Draft Double Taxation Convention on Income and Capital）」と題した最終報告書を提出した。理事会（Council）はこの内容を勧告（Recommendation）として採択し，その内容に従った租税条約の締結または改訂を加盟国政府に求めた（1963年7月30日）[19]。なお，この租税条約草案は，「草案」と題されていたが，各国が模範とするに値するようなしっかりとした内容を備えていた。また，この草案には詳細な注釈（Commentary）が付されていた。

1971年に，改組された租税委員会（Committee on Fiscal Affairs）の下で，1963年租税条約草案の改訂作業が進められ，その成果は1977年の「モデル租税条約（Model Double Taxation Convention on Income and on Capital）」として結実した。1977年4月11日に OECD の理事会で採択された1977年モデル租税条約も，1963年の草案と同様に，詳細な注釈を含んでいる。この注釈は，条約本文と同様に正式に採択されたものであるから，もし条約本文が何らかの法源性を有するのであれば，この注釈にも同様の法源性が与えられてしかるべきかもしれない[20]。

その後，1991年からはモデル租税条約の完成版を一時に公表する方針をとりやめ，随時，改訂を行っていくという方針が採用されている。現時点において，2014年7月15日に理事会で承認されたものが，OECD モデル租税条約の最新

バージョンである。[21]

Ⅳ 国際租税法におけるOECDの役割

1 組 織

OECDの租税関係の組織はどのようになっているのだろうか。[22]OECDの主たる意思決定機関は理事会（Council）である。理事会の下に，数多くの委員会（Committees）がある。

租税関係を司るのは租税委員会（Committee on Fiscal Affairs: "CFA"）であり，その現在の議長（Chair）は日本の財務省国際局長の浅川雅嗣である。[23]租税委員会に参加しているのはOECD加盟国の租税関係官庁の官僚たちであるが，オブザーバーとして非加盟国や国際機関からの参加者もある。年2回の会合をはじめとする租税委員会の活動のための準備的作業を行うのがビューロー（CFA Bureau）である。

租税委員会は，多くの事柄の検討を下部組織である作業部会（Working Party）に委任している。第1作業部会は租税条約，第2作業部会は租税政策の分析・租税統計，第6作業部会は移転価格を含む多国籍企業の課税，第9作業部会は消費税，第10作業部会は脱税・租税回避・情報交換をそれぞれ扱っている。[24]さらに，2つのフォーラム（Forum）がある。1つは，有害税制フォーラム（Forum on Harmful Tax Practices）である。もう1つは「税務長官会議」と訳されることもある税務行政に関するフォーラム（Forum on Tax Administration）である。この他にも，非加盟国も加えた「グローバル・フォーラム」など，様々な会議体が存在する。

租税委員会の事務局と言うべき存在が，租税センター（Centre for Tax Policy and Administration）である。[25]2012年2月1日以来，フランス人のパスカル・サンタマン（Pascal Saint-Amans）がその局長（Director）を務めている。なお，その前任者であるイギリス人，ジェフリー・オーウェンス（Jeffrey Owens）は，

租税センター及び OECD 租税委員会の国際課税の分野での存在感を高めた立役者である[26]。

2 モデル租税条約作成に直接関連する活動

ここからは，OECD 租税委員会の活動をモデル租税条約の作成に向けられたものと，それ以外とに分けて紹介する。

OECD 租税委員会は，モデル租税条約（またはその注釈）の改訂に向けて，まず，検討結果をまとめた報告書を作成することが多い。

例えば，事業所得に関する OECD モデル租税条約 7 条については，1977年の注釈公表の後，まず，1984年に「移転価格と多国籍企業」と題する報告書の中で，銀行業に関する問題が検討されていた[27]。さらに，1987年に開始した検討の結果が，1994年に「恒久的施設への所得の帰属」と題する報告書にまとめられた[28]。1994年の注釈改訂は，この報告書に基づくものであった[29]。

しかし，7 条と基本的には同じ問題状況が存在する移転価格税制の分野での議論の進展に伴い，7 条のさらなる改訂が求められると考えられるに至った。移転価格税制の分野では，1979年の「移転価格と多国籍企業」と題する報告書の内容を全面的に改訂した「OECD 移転価格ガイドライン」が1995年に公表され[30]，これと 7 条に関するルールの整合性が問題とされたのである[31]。こうした問題意識に基づく検討の結果は，2008年に「恒久的施設への利得の帰属」と題する報告書にまとめられた[32]。この報告書の作成と並行して 7 条に対する注釈の改訂作業が進められ，2008年に注釈が改訂された。また，報告書の公表後には 7 条自体の改訂作業が進められ，2010年に 7 条が改訂された。2010年の 7 条改訂に対応して，2008年の報告書の改訂版が公表されている[33]。このように，条文・注釈の重要な改訂に際しては，必ず充実した内容を伴う報告書が先行していると言ってよい。なお，条文・注釈の改訂に際して，OECD は草案に対する意見（public comment）を公募することが通例である。

3 モデル租税条約とは直接関係しない活動

　OECD 租税委員会の活動の中には，モデル租税条約の条文・注釈の改訂に直接関わらないものも少なくない。

　最初に挙げるべきは，既に言及した，OECD 移転価格ガイドラインであろう[34]。多国籍企業の関連会社間取引については取引条件が独立当事者間（arm's length）のそれであるとみなして当事者がこれらの取引について支払う対価（移転価格）を算定すべきだという考え方がある。この考え方に基づいて移転価格の具体的な算定方法を詳述したのが OECD 移転価格ガイドラインであり，1995年に最初の版が出された後，徐々に改訂が進められている。

　移転価格ガイドラインが公表された次の年，OECD の閣僚委員会（Committee of Ministers）は，有害な租税競争（harmful tax competition）に関する検討を行うことを租税委員会に依頼した。租税委員会は，1998年4月に，「有害な租税競争：生じつつある世界的問題」と題する報告書[35]を理事会に提出し，理事会はこれを承認した。この報告書は，タックス・ヘイブン（tax havens）と有害な租税優遇措置（harmful tax preferential regimes）という2つの問題を対象としている[36]。厳密に言うと，国家間の租税競争のうち，一般的な個人所得税・法人所得税の税率引き下げによるそれを除くものが，報告書の対象である[37]。本報告書を含む OECD の一連のプロジェクトが国家間の租税競争の緩和に役立ったと言えるかどうかについては見解が分かれているが[38]，少なくとも，OECD 加盟国以外の国や法域をも巻き込んでの租税情報交換の動きが大きく加速する契機となったことは確かである。OECD 自身も，2002年に，タックス・ヘイブン国との間で締結することを前提とした「租税情報交換協定」のモデルを作成・公表し[39]，日本を含む加盟各国は同協定の締結を進めている[40]。

　現在進行中の，BEPS（Base Erosion and Profit Shifting）プロジェクトは，概ね次のような経過をたどっている。2012年6月のロスカボス・G20サミット（G20 Leaders' Meeting）の首脳宣言は，第48項目末尾で「我々は，税源浸蝕と

利益移転を防ぐ必要性を再確認し，OECD のこの領域での進行中の作業を注意深く見守ることにする（We reiterate the need to prevent base erosion and profit shifting and we will follow with attention the ongoing work of the OECD in this area.)」と述べていた。さらに，イギリスの財務大臣ジョージ・オズボーンとドイツの財務大臣ウォルフガング・ショイブレは，2012年11月5日の共同声明において，翌年2月にモスクワで開催される G20財務大臣・中央銀行総裁会議までに，OECD が BEPS に関する最初の報告書を提出することを求めた。2013年2月に公表されたのが，「税源浸蝕と利益移転への取り組み（Addressing Base Erosion and Profit Shifting)」と題する現状報告書である。[41] その後，同年7月には「税源浸蝕と利益移転に関する行動計画（Action Plan on Base Erosion and Profit Shifting)」と題する報告書が公表され，さらに，2014年9月には，行動計画の一部についての詳細な報告書が「2014年の成果物（2014 Deliverables)」という題名で公表された。

　BEPS プロジェクトに特徴的なのは，参加国が OECD の加盟国に限られないことである。OECD に加盟していない G20諸国や，それ以外の国も参加している。実は，モデル租税条約についても，近年，加盟国以外のアクターが議論に参加している。国際租税法における OECD の役割は，OECD 加盟国以外も含む諸国の議論・合意形成の場所を提供していることだと言えるかもしれない。

V　理論的問題

1　OECD の役割に関する研究動向

　国際租税法における OECD の役割については，理論的な検討が行われている。

　カナダ・クイーンズ大学のアーサー・コックフィールドは，2006年に公表した論文において，電子商取引の課税問題に対して OECD が果たしてきた役割

を肯定的に評価した。彼によると,電子商取引の課税問題に対して各国の立法・行政・司法による対応が迅速に行われなかったのは,OECDにおけるルール形成を待って各国が国内法のルール形成に取り組む態度を示した,すなわち,各国政府がOECDの国際的電子商取引に関する問題解決への敬譲(deference)を行ったからである。彼は,OECDがこのような支持を集めた理由をOECDによる問題解決の方法に求める。すなわち,第1に,OECDにより形成されたルールは,拘束力を伴う(binding)ものではない。第2に,議論への参加者が,OECD加盟国の代表者以外をも含む幅広い層から構成されていた。こうして,彼は,OECDのような組織があれば,それ以外に別途(WTOのような)拘束力を伴うルールを形成するための組織を設ける必要はない,と結論づけている。

カナダ・マギル大学のアリソン・クリスティアンズは,2009年の論文で,有害な租税競争に関するOECDの取り組みを素材として,「租税に関する主権(tax sovereignty)」を有するはずの各主権国家が,暗黙の社会契約(an implied social contract)を通じた「主権的義務(sovereign duty)」を負うに至っているという現状分析を示している。

ボストン大学のダイアン・リングは,2010年の論文で,国際租税法分野の政策形成において国際機関が果たす役割について検討した。この論文は,国際関係論の知見を利用して,OECDのみならず,他の国際機関の役割についても考察している。具体的には,2008年のOECDモデル租税条約改正による義務的仲裁条項の導入に至る経緯,及び,有害な租税競争に関する国際的な議論が検討の対象となっている。

2 OECDが提示する諸規範の法源性

国際租税法分野でのOECDの活動に関する理論的問題としてもっとも重要かつ興味深いものは,OECDが提示する諸規範(モデル租税条約,それに対する

注釈，各種報告書等）が，国際法上，あるいは，各国内法において，「法源」としての地位を占めうるかどうかということである。なお，以下の議論では，便宜上，条約・制定法の解釈・適用の指針となるような規範も含めて，「法」概念を広く定義しておく。

以上の問題は，次のように分節できる。第1に，窮極にはいずれかの国の国内裁判所，あるいは，国際仲裁による法適用が予定されている，国際法として，どのような規範が法源と言えるのかという問題がある。例えば，日米租税条約のある規定の解釈が問題となった場合に，当該規定に相当するOECDモデル租税条約の規定に対する注釈が何らかの意味で尊重され得るかということが問題となる。この第1の問題は，国際法学において法源論または国際法規範の形成[47]，及び国内法秩序における国際法規範の適用[48]として論じられてきた事柄である。

第2に，窮極にはある国の国内裁判所での法適用が予定されている，国内法として，どのような規範が法源と言えるのかという問題がある。例えば，日本の所得税法のある規定の解釈が問題となった際に，当該規定に対応するOECDモデル租税条約の規定，またはその注釈の内容が，何らかの意味で尊重され得るか，ということが問題となる。この第2の問題は，国際法学において，国際法の間接適用[49]または国際法適合解釈[50]として論じられてきた事柄である。

以上のことをOECDの形成する諸規範の側から見ると，これらの規範の内容がそれ自体として，また，これらの規範形成の際における手続が，国際法及び国内法としての法源性に影響するのかどうか，するとしてどのように影響するのか，ということが問題となる。

3　国際法としての法源性をめぐって

まずは，日本の裁判所で租税条約の解釈に際して，OECDの形成した諸規範の援用が問題となった事例を見てみよう。租税条約の解釈に際して，OECD

モデル租税条約及びその注釈を参照することを正面から肯定したように読めるのがグラクソ事件最高裁判決[51]である。日本のタックス・ヘイブン対策税制（租税特別措置法66条の6）が日本とシンガポールの間の租税条約（日星租税条約）に違反しないことの論拠として，最高裁判所はOECDモデル租税条約の注釈を援用した。最高裁判所は，次のように述べた。「日星租税条約は，経済協力開発機構（OECD）のモデル租税条約に倣ったものであるから，同条約に関してOECDの租税委員会が作成したコメンタリーは，条約法に関するウィーン条約（昭和56年条約第16号）32条にいう『解釈の補足的な手段』として，日星租税条約の解釈に際しても参照されるべき資料ということができるところ，日星租税条約7条1項に相当する同モデル租税条約7条1項についてのコメンタリーは，同項は，法的二重課税に関する規定である旨を明確に述べ，また，措置法66条の6のような形のタックス・ヘイブン対策税制が同モデル租税条約に違反するか否かについて，7条等の関連規定の各コメンタリーは，その文言を理由として，違反しないものとしている。このことは，日星租税条約7条1項に関する上記のような解釈が，国際的にも，多くの国において広く承認されている見解であることを示しているということができる」。

　私は，グラクソ事件における最高裁判所の判断は結論として正しいと考える[52]が，言及されている現在の7条注釈14節（2008年から2010年までは13節，2003年から2008年までは10.1節）が日星租税条約締結（1995年）後の2003年に入った規定であることを考えると，この注釈を参照したことにはやや無理があったかもしれない。[53]

　アメリカ合衆国にも，租税条約の解釈との関係でOECDモデル租税条約やその注釈が参照された判決が存在する[54]。比較的最近の事件では，1975年米英租税条約7条の解釈が問題となっていたが，2008年の判決で，連邦巡回区合衆国控訴裁判所は，条約締結時点での条約の解釈のために，その時点で存在していたモデル租税条約やその注釈を参照する，という立場を示している。

学説は，分かれている[55]。OECD モデル租税条約の注釈を援用することをかなり肯定的にとらえる見解もあるが[56]，「OECD コメンタリーの租税条約解釈上の意味は，状況に応じて異なり一律ではない」という慎重な見方もある[57]。

ここまで，基本的には，国内の裁判所において国際法としての租税条約が解釈・適用される場合を念頭に置いていたが，租税条約仲裁のように，OECD モデル租税条約の注釈や移転価格ガイドラインの法源性について独自の重みが加えられている場合もある[58]。

4　国内法としての法源性をめぐって

様々な規範の国内法としての効力については，憲法学・行政法学・国際法学のそれぞれにおいて論じられている。

かいつまんで言えば，実質的意味の立法を立法府が独占する（すなわち法律という法形式で定めなくてはならない）という憲法上の大原則がある（憲法41条の「唯一の立法機関」）ものの，法律の委任を受けて行政府が一般的規範（命令）を定めることは許容されている（憲法73条6号参照）。すなわち，白紙委任でなければ，実質的意味の立法＝「法規」の制定を行政府が行うことができると解されている。上記大原則は実のところかなり形骸化している。条約についても，それが国内でも「法規」として通用するにもかかわらず，立法府の関与が限定されているという問題はある[59]。慣習国際法に至っては，全く立法府の関与がないけれども，やはり「法規」としての地位が認められている。さらに，こうした国内法から国際法への委任立法（delegation）を肯定的にとらえる見解も現れている[60]。

租税関係の規範についても以上の一般論が妥当する。また，租税法の分野では，政令ですらない「一般に公正妥当と認められる会計処理の基準」を参照する（法人税法22条4項）[61]など，実質的に見れば「法規」の形成主体が立法府でも行政府でもないということがないわけではない。

このように実質的に法源の範囲が広いことを考えると，OECDが提示する諸規範が国内法との関係で何らかの法源性を有するというのは，あり得ないことではない。実際，ここ10年の裁判例には，OECDの提示する諸規範の法的効力を検討しているものがあり，中にはこの点につき肯定的に解しているものもある。

　まず，高松高判平成18年10月13日訟務月報54巻4号875頁は，「OECD新ガイドラインにも独立企業間価格に『幅』があることを前提とした記述がある」との主張に対して，「わが国の移転価格税制は，国際的な基本ルールを尊重しつつも，具体的な解釈・運用は国内法である特別措置法66条の4の規定に基づいて行われているものである」としたうえで，「立法時の説明」を参照して独立企業間価格は1つに決まる（「幅」はない）と結論づけている。国内法が制定後に国際的ルールにより「変遷」することを認めなかったわけで，興味深い。

　次に，大阪地判平成20年7月11日判タ1289号155頁は，租税特別措置法66条の4（移転価格税制）にいう「独立企業間価格」の定義につき，「我が国が移転価格税制を創設するに当たって参照したOECD報告書」を参照している。

　さらに，東京地判平成24年4月27日においては，OECDの新移転価格ガイドラインが租税特別措置法（移転価格税制）の解釈に際して参酌されることを前提として裁判所が判断を行っている。すなわち，原告＝納税者の主張するようなガイドラインの解釈が誤っていることを裁判所が指摘しているのである。

　これに対して，東京地判平成25年9月6日においては，所得税法161項3号の「船舶」の意義につき，OECDモデル租税条約8条1項を参照するべしとの主張が採用されなかった。

5　法源としての地位を支えるもの

　これまで行われた議論を通覧すると，OECDが提示する諸規範の国際法としての法源性については，条約法条約を出発点として考えるのが一般的である。

これに対して，これら諸規範の国内法としての法源性については，私の知る限り，立ち入った検討は行われてこなかった。

そこで，ここでは，主として国内法を念頭に置いて，OECD の提示する諸規範を含む，国会による立法でない規範が裁判所によって「法規」としての地位をはじめとする何らかの効力を承認される条件について考えてみる。その際に参考になりそうなのが，アメリカ合衆国における，行政機関の示した法解釈に対する裁判所の扱いである[62]。アメリカでは，議会で制定した制定法（＝法律）（例えば，内国歳入法典（Internal Revenue Code））の解釈権限は裁判所にある。また，行政機関が議会からの委任を受けて制定するルール（例えば，財務省規則（Treasury Regulations））は，制定法を解釈したものである，と位置づけられる。そうすると，裁判所は行政機関による法解釈を全く無視してもよさそうなものであるが，実際には，制定手続がしっかりしているといった一定の要件を充たすルール（日本法の文脈でいえば「法規命令」ということになる）について，そこで示されている行政機関による制定法の解釈を裁判所が高く尊重する（敬譲を払う）のである（Chevron 敬譲）。また，こうした一定の要件を充たしていないルール（日本法の文脈でいえば「行政規則」ということになる）についても，ルールを形成した行政機関が専門的知識を持ち合わせていることに鑑み，場合によっては，裁判所がそのルールを尊重することがある（Skidmore 尊重）。要するに，アメリカでは，制定法以外の規範が裁判所によって適用されるための条件を形式的にではなく実質的に考えているのである。

さて，以上のアメリカ行政法の枠組みを参考にすると，OECD が提示する諸規範に与えられる法源としての地位を正当化する論拠としては，少なくとも以下の 3 つが存在するのではないか。

第 1 に，実体面での妥当性である。OECD が提示する諸規範に，法（あるいは租税法）の一般原則や慣習法が体現されていると見ることができる場合，これらの規範の法源性を承認できるかもしれない。もっとも，この場合，たとえ

OECD による諸規範が存在しなかったとしても，同じ結論が導かれるはずであろう。

　第 2 に，OECD 非加盟国を含む多くの国の参加を得て規範が形成されていること，また，規範の形成過程での意見公募（public comment）手続・公聴会（public consultation）の開催が，法源性を支える論拠となるかもしれない。前述のアメリカ行政法では，議会による制定法でない規範に法規としての地位が認められる条件として，規範策定手続の開放性が要求されていた。このような考え方によれば，OECD が現在採っているような手続は，OECD の提示する諸規範の法源性を高める方向に働くと言えよう。

　第 3 に，OECD が提示する諸規範が，専門家集団によって作成されたという理由で，何らかの法源性を与えられる可能性もある。アメリカ法の考え方では，この理由に基づく場合には，第 2 の場合よりも，裁判所による尊重の程度が落ちるということになる。

1) 租税条約についての極めて要領の良い概観として，増井良啓「日本の租税条約」金子宏編『租税法の基本問題』（有斐閣，2007年）569頁がある。宮武敏夫「国際租税の潮流」『租税研究』766号（2014年）205頁も有益である。
2) 増井良啓「日本の国際租税法」『ジュリスト』1387号（2009年）95頁，100頁が指摘するように，租税条約ネットワークがカバーする税目は広義の所得課税に偏向している。
3) 元来，モノとしての施設というニュアンスではないことにつき，渕圭吾「取引・法人格・管轄権 (2)」『法学協会雑誌』127巻 8 号（2010年）1199頁注72参照。
4) 定義規定は 3 条 1 項 c 号である。渕圭吾「取引・法人格・管轄権 (3)」『法学協会雑誌』127巻 9 号（2010年）1300頁注217では「企業」と訳したが，日本の商法・会社法に言う営業・事業に対応すると考えられるので，本文のように訳した。
5) 増井良啓・宮崎裕子『国際租税法〔第 2 版〕』（東京大学出版会，2011年）62頁等。
6) 例えば，2003年11月 7 日付の「日米租税条約（新条約）署名についての財務大臣談話」参照。
7) 渕圭吾「国際課税と通商・投資関係条約の接点（上・下）」『ジュリスト』1406号（2010年）149頁，1408号（2010年）164頁参照。
8) 酒井啓亘他『国際法』（有斐閣，2011年）446-463頁〔濱本正太郎〕。
9) 渕「前掲論文」（注 3）1156-1160頁。
10) 渕「前掲論文」（注 3）1160-1178頁。

11) 渕「前掲論文」(注7)。
12) 渕「前掲論文」(注3) 1178-1185頁。
13) 渕「前掲論文」(注3) 1186-1192頁。
14) 渕「前掲論文」(注3) 1192-1200頁，渕「前掲論文」(注4) 1301-1309頁。
15) 渕「前掲論文」(注4) 1309-1315頁。
16) この間，各国は租税条約の締結を加速させていた。増井良啓「租税条約の発展」金子宏編『租税法の発展』(有斐閣，2010年) 139頁参照。
17) OECD, *Model Convention on Income and on Capital, Condensed Version*, 2010, at 7.
18) 渕「前掲論文」(注4) 1315-1320頁。
19) OECD, *supra* note 17, at 8.
20) OECDモデル租税条約の規範性については，以下に論じる他，藤谷武史「国際租税法における規範形成の動態」中里実他編著『クロスボーダー取引課税のフロンティア』(有斐閣，2014年) 42頁 (初出2012年) 参照。
21) http://www.oecd.org/ctp/treaties/2014-update-model-tax-concention.pdf
22) この部分の記述は，基本的に以下の論文に負う。Ault, Hugh J., "Reflections on the Role of the OECD in Developing International Tax Norms", *Brooklyn Journal of International Law*, Vol. 34 (2009), p. 757. より新しい事実については，以下の文献で補足した。OECD, *OECD's Current Tax Agenda*, 2012.
23) 浅川雅嗣「OECD租税委員会議長のお仕事」『ファイナンス』47巻10号 (2012年) 17頁。浅川は，議長職を2011年6月以来務めている。
24) 欠番となっているのは，既に役割を終えた作業部会である。
25) 山崎翼「Remain relevant! 国際租税分野へのOECDの貢献と課題」『ファイナンス』47巻10号 (2012年) 22頁。
26) 山崎「前掲論文」(注25)，23頁参照。
27) OECD, *Transfer Pricing and Multinational Enterprises: Three Taxation Issues*, 1984. 渕「前掲論文」(注4) 1327-1329頁。
28) OECD, *Issues in International Taxation No. 5: Model Tax Convention: Attribution of Income to Permanent Establishments*, 1994.
29) 渕「前掲論文」(注4) 1320-1327頁。
30) OECD, *Transfer Pricing and Multinational Enterprises*, 1979.
31) OECD, *Transfer Pricing Guidelines for Multinational Enterprises and Tax Administrations*, 1995. 中里実『金融取引と課税』(有斐閣，1998年) 437-487頁参照。
32) OECD, *Attribution of Profits to Permanent Establishments*, 2008.
33) OECD, *2010 Report on the Attribution of Profits to Permanent Establishments*, 2010.
34) OECD, *supra* note 31.
35) OECD, *Harmful Tax Competition: An Emerging Global Issue*, 1998.
36) Avi-Yonah, Reuven, "The OECD Harmful Tax Competition Report: A Retrospective After a Decade", *Brooklyn Journal of International Law*, Vol. 34 (2009), p. 783.
37) OECD, *supra* note 35, 19-20.

38) Avi-Yonah, *supra* note 36は，成功だったという立場である。イギリスのジャーナリスト，ニコラス・シャクソンも「OECDのこの新しいプロジェクトは，世界史上初めて行われた守秘法域に対する本格的かつ持続的な知的攻撃だった」と，肯定的に評価している。ニコラス・シャクソン〔藤井清美訳〕『タックスヘイブンの闇』（朝日新聞出版，2012年）279頁（2012年）〔原著：Shaxson, Nicholas, T*reasure Islands: Tax Havens and the Men Who Stole the World*, 2011〕。
39) OECD, *Agreement on Exchange of Information on Tax Matters*, 2002.
40) 増井良啓「租税条約に基づく情報交換」『金融研究』30巻4号（2011年）253頁，増井良啓「タックスヘイブンとの租税情報交換条約（TIEA）」『税大ジャーナル』11号（2009年）11頁。
41) 紹介として，増井良啓「OECD, Addressing Base Erosion and Profit Shifting」『国家学会雑誌』126巻11=12号（2013年）1136頁，太田洋「BEPSとは何か──その現状の素描」『ジュリスト』1468号（2014年）36頁等。
42) Cockfield, Arthur J., "The Rise of the OECD as Informal 'World Tax Organization' through National Responses to E-Commerce Tax Challenges", *Yale Journal of Law and Technology*, Vol. 8 (2006), p. 136.
43) Cockfield, *supra* note 42, 166.
44) Christians, Allison, "Sovereignty, Taxation and Social Contract", *Minnesota Journal of International Law*, Vol. 18 (2009), p. 99.
45) Ring, Diane, "Who Is Making International Tax Policy?: International Organizations As Power Players in a High Stakes World", *Fordham International Law Journal*, Vol. 33 (2010), p. 649.
46) OECDモデル租税条約25条5項参照。邦語文献として，赤松晃「国際課税 OECDモデル租税条約25条5項に導入された仲裁規定の意義」『租税研究』727号（2010年）222頁。
47) 酒井他『前掲書』（注8），109頁以下〔濱本〕。
48) 酒井他『前掲書』（注8），399-403頁〔濱本〕。
49) 岩沢雄司『条約の国内適用可能性』（有斐閣，1985年）。「間接適用」概念に対する評価として，寺谷広司「『間接適用』論再考」坂元茂樹編『国際立法の最前線』（有信堂高文社，2009年）165頁。
50) 酒井他『前掲書』（注8），403-404頁〔濱本〕。
51) 最判平成21年10月29日民集63巻8号1881頁。
52) なお，渕圭吾「外国子会社合算税制の意義と機能」『フィナンシャル・レビュー』94号（2009年）74頁参照。
53) ただし，浅妻章如「国際的租税回避」金子宏編『租税法の基本問題』（有斐閣，2007年）629頁，646頁で指摘されているように，1992年以来，モデル租税条約1条の注釈（23節）において「大多数の加盟国」がタックス・ヘイブン対策税制のようなものが租税条約との関係で問題ないという見解を採っていることが示されていた。
54) 渕圭吾「取引・法人格・管轄権（5・完）」『法学協会雑誌』127巻11号（2010年）

1883-1890頁参照。
55) 国際的な学説の動向については，以下の文献を参照。Vogel/Lehner, Doppelbesteuerungsabkommen Kommentar, 5. Aufl., 2008, Einleitung, Rn. 95 ff.
56) 例えば，村井正『租税法〔第3版〕』(青林書院，1998年) 260-280頁 (初出1997年)（東京地判昭和57年6月11日における国税側による OECD モデル租税条約注釈の援用，及び，アメリカの ALI が1991年に公表した「租税条約の解釈に関する勧告」における OECD モデル租税条約及びその注釈の参照を支持)，谷口勢津夫『租税条約論』(清文社，1999年) 7-60頁 (条約法条約31条4項の「特別の意味」として OECD モデル租税条約及びその注釈をとらえている)，木村弘之亮『国際税法』(成文堂，2000年) 760頁等。
57) 小寺彰「租税条約の解釈における OECD コンメンタールの意義」トラスト60研究叢書『国際諸取引に伴う法的諸問題 (15)』(2008年) 47頁，64頁。浅妻章如「国際租税法におけるルール形成とソフトロー」中里実編『政府規制とソフトロー』(有斐閣，2008年) 255頁も，比較的慎重な立場をとっている。
58) この点の指摘として，藤谷「前掲論文」(注20) 及びそこでも引用されている小寺彰「租税条約仲裁の国際法上の意義と課題」RIETI ディスカッション・ペーパー (2011年) 参照。
59) 最新の研究として，山田哲史「グローバル化時代の議会民主政 (1)－(5・完)」『法学論叢』172巻2号，173巻3号・4号，174巻1号・2号 (2012-2013年)，山田哲史「国際的規範と民主政」『帝京法学』29巻1号 (2014年) 223頁，山田哲史「憲法問題としての国際的規範の「自動執行性」」『帝京法学』29巻1号 (2014年) 343頁。
60) Hathaway, Oona A., "International Delegation and State Sovereignty", *Law and Contemporary Problems*, Vol. 71 (2008), p. 115.
61) かなりの部分を「一般に公正妥当と認められる会計処理の基準」に委ねて，限られた部分についてのみ法人税法で規律しているにもかかわらず，なお税法を斟酌することによる会計処理のゆがみ (「逆基準性」) が指摘されることがある。
62) 渕圭吾「Mayo Foundation for Medical Education and Research et al. v. United States, 131 S. Ct. 704 (2011)」『アメリカ法』2011-2号 (2012年) 582頁，渕圭吾「*Chevron* Step Zero とは何か」『学習院大学法学会雑誌』50巻1号 (2014年) 173頁を参照。

(神戸大学大学院法学研究科教授)

論　説　　国際経済法の発展における OECD の役割

外国公務員贈賄防止条約のフォローアップにおける OECD の役割——日本の事例——

梅　田　　徹

I　はじめに
II　条約締結の背景
III　条約の概要
IV　条約フォローアップ制度の概要
　1　起　源
　2　実施主体
　3　条約上の規定
　4　フォローアップの手続
V　条約フォローアップと日本政府の対応
　1　フェーズ1審査
　2　フェーズ1審査後の進展
　3　フェーズ2審査
　4　フェーズ2追加審査
　5　フェーズ3審査
VI　おわりに

I　はじめに

　1997年に経済協力開発機構（OECD）が採択した「外国公務員贈賄防止条約」（正式名称は，「国際商取引における外国公務員に対する贈賄の防止に関する条約」）は，締約国に外国公務員への贈賄行為を刑事罰化する国内的措置をとることを義務づけている。贈収賄のうち贈賄側のみを規制しようと意図している点に特徴のあるこの条約には，条約の「監視及び事後措置」の規定が置かれている[1]。条約

の前文は、「この分野において進展をはかるためには、一国における努力のみならず、多数国間の協力、監視及び事後措置が必要である」旨に言及している。また、第12条の下で、条約締約国は、「この条約の完全な実施を監視し促進するため、組織的な事後措置の計画を実行することに協力する」ことに合意している。

監視と事後措置を別個の機能として把握するかどうか、を含め、異なった理解の仕方がありうること（また、用語についての若干の混乱を引き起こす可能性があること）を承知の上で、本稿では、「監視及び事後措置」のプロセスを「フォローアップ」と呼ぶことにしたい。この分野では一般に、英語で表現する場合には、監視機能をも含めて「フォローアップ」の語が用いられているからである。

フォローアップは、条約義務履行を監視する枠組みとして設計されていると同時に、締約国間の実施措置における「同等性」equivalence を確保する機能をも期待されている[2]。フォローアップの計画は OECD の作業部会（「国際商取引における贈賄に関する作業部会」）の枠組みの中で実施されることになっている。

日本政府は、条約義務を履行するための国内立法措置としていくつか選択肢があったが、結局、不正競争防止法の改正で対応する道を選択した。経済法のカテゴリーに入る法律の中に外国公務員贈賄行為の刑事罰化を盛り込むことの妥当性についての疑問は、その後、フォローアップのプロセスにおいても何度か浮上しているが、条約の主要な義務をこの法律の下で果たそうとする政府の姿勢は一貫している。

同法は、今日に至るまで、外国公務員贈賄防止に関する限りでも何度か改正されてきている。同法の外国公務員贈賄防止に関する改正のほとんどは、フォローアップ作業を受けて出された勧告に合わせるものであった。国際機関の勧告を受けて頻繁に改正されてきた事実は、条約フォローアップが一定のコントロール機能を果たしてきていることを示唆している。

本稿では，条約締結の経緯，条約の概略，フォローアップの手続きについて概観した後，作業部会が公表した対日審査報告書を中心に分析を加える。その分析の狙いは，政府の条約の国内実施措置および姿勢に対してOECD作業部会によるフォローアップのプロセスがどのように機能したのかを素描することにある。

II 条約締結の背景

米国は，1977年に「海外腐敗行為防止法」(Foreign Corrupt Practices Act, FCPA) を制定し自国企業の海外での贈賄行為を禁止した。この規制が米国企業の国際競争力の低下につながっている可能性があるという懸念が強まったこともあって，1988年，連邦議会は，海外腐敗行為防止法を改正し，企業競争力の向上の足かせになるような曖昧な文言を修正する一方，大統領に対して，他国との間で条約交渉に入ることを要請した。これを受けて，翌89年，米国政府は，OECDの「国際投資および多国籍企業委員会」の場で条約交渉の開始を提案した。1993年2月，閣僚理事会は，国際投資多国籍企業委員会に対して，この問題についての勧告案の作成に着手するよう指示を出した。

1994年5月，閣僚理事会は「国際商取引における贈賄防止に関する勧告」を採択した。この中で，国際投資多国籍企業委員会の提案を受けて，理事会は，加盟国に対して「国際的な商取引と関連して行われる外国公務員への贈賄を抑止し，防止し，対抗するために実効的な措置をとること」を勧告した。

1996年4月，閣僚理事会は「外国公務員に対する贈賄の税控除に関する勧告」を採択し，その中で，財政問題委員会及び国際投資・多国籍企業委員会の提案に基づき，外国公務員に支払われた賄賂について必要経費として税控除することを認めている加盟国はそのような税控除措置をあらためるよう勧告した。

1997年5月，閣僚理事会において採択された「国際商取引における贈賄防止に関する改訂勧告」の中で，後に採択される「条約」の柱を構成するいくつか

の重要な基本原則が盛り込まれた。

　条約交渉は，1997年7月から始まった。三度に及ぶ交渉を経て条約草案がまとまり，同年11月21日，OECD加盟国29か国のほか，アルゼンチン，ブラジル，ブルガリア，チリ，スロバキアの非加盟5か国をあわせた34か国によって外国公務員贈賄防止条約が採択された。12月17日，パリのOECD本部で開催された署名式典において，オーストラリアを除く33か国が条約に署名した。1998年12月，カナダが12番目の国として批准書を寄託したことによって発効条件が満たされ，翌99年2月15日に条約は発効した。

Ⅲ　条約の概要

　＜第1条＞　外国公務員贈賄行為の刑事罰化に関わる規定である。締約国は，「ある者が故意に，国際商取引において商取引又は他の不当な利益を取得し又は維持するために，外国公務員に対し，当該公務員が公務の遂行に関して行動し又は行動を差し控えることを目的として，当該外国公務員又は第三者のために金銭上又はその他の不当な利益を直接に又は仲介者を通じて申し出，約束し又は供与すること」を刑事罰化するために必要な立法措置を講じなければならない。共犯を処罰することも義務づけられている。「外国公務員」には，ある外国の立法，司法，行政の職に就いている，いわゆる公務員のほか，外国のために公的な任務を遂行する者，公的国際機関の職員や代理人も含むものとされたが，選挙の候補者や政党職員は条約の対象外である。

　＜第2条＞　法人の責任を追及する体制に関する規定である。締約国は，「自国の法的原則に従って，外国公務員に対する贈賄について法人の責任を確立するために必要な措置」をとらなければならない。

　＜第3条＞　刑罰に関する規定である。刑罰は効果的で均衡がとれ，かつ抑止力のあるものでなければならず，自国公務員への贈賄罪に適用されるものと同等でなければならない。贈賄から得た収益は，押収または没収するか，同等

の効果を有する金銭的制裁を適用するなどの措置をとることを義務づけられる。

＜第4条＞　裁判権の設定について定める。第1項は、「締約国は、自国の領域内において外国公務員に対する贈賄の全部又は一部が行われた場合において、この犯罪についての裁判権を設定するため、必要な措置をとる」と規定している。いわゆる属地主義をとることが締約国に義務づけられている。自国の法原則に照らして属人主義を取り得る場合には、締約国は属人主義をとらなければならない（第2項）。

＜第5条＞　執行に関する規定で、「捜査及び訴追は、締約国において適用される規則及び原則に従う」としている。捜査、訴追は、経済的、政治的な考慮によって左右されてはならない。

＜第6条＞　出訴期限に関する規定である。締約国は、「この犯罪の捜査及び訴追のために適切な期間」を与えられなければならない。

＜第7条＞　マネーロンダリング関連法に関わる規定で、自国の公務員に関する贈収賄をマネーロンダリング関連法の適用の前提犯罪としている締約国では、外国公務員贈賄についても、同一条件でマネーロンダリング関連法を適用しなければならない。

＜第8条＞　会計に関する規定で、自国企業が外国公務員贈賄、あるいはそのような行為の隠蔽を目的として不正な会計処理を行うことを禁止するために必要な措置をとることを締約国に義務づけている。不正な会計処理に関して、効果的で均衡の取れたかつ抑止効果のある民事上、行政上、または刑事上の罰則を適用しなければならない。

＜第9条＞　法律上の相互援助に関する規定である。外国公務員贈賄罪について他の締約国が行う捜査、刑事手続きなどにつき、締約国は、国内法、関連条約などにつき最大限に可能な範囲で法律上の援助を他の締約国に提供しなければならない。

＜第10条＞　犯罪人の引渡しに関わる規定である。外国公務員贈賄罪は、締

約国の国内法および締約国間の犯罪人引渡し条約における引渡し犯罪とみなされ，また，締約国はこの条約を引き渡し根拠とみなすことができる。自国民の引渡しについても引渡しができるような措置をとらなければならない。

＜第11条＞　締約国は，締約国間の協議，法律上の相互援助，犯罪人の引渡しに関する規程の適用上，連絡先になる責任当局を OECD 事務総長に通知しておかなければならない。

＜第12条＞　「監視及び事後措置」と題されたこの条項の下で，締約国は，「この条約の完全な実施を監視し及び促進するため，組織的な事後措置の計画を実行することに協力する」ことに合意している。当該計画が作業部会の枠組みの中で実行されることも合意されている。

第13条ないし第17条はそれぞれ，署名および加入（第13条），批准および寄託者（第14条），効力発生（第15条），改正（第16条），脱退（第17条）に関する規定である。

Ⅳ　条約フォローアップ制度の概要

1　起　源

外国公務員贈賄防止条約の履行を監視するシステムの必要性の認識は，1994年の閣僚理事会「勧告」のなかに見出される。「国際商取引における贈賄防止に関する勧告」のなかで閣僚理事会は，加盟国に対して，外国公務員贈賄を防止するために必要な措置をとるよう勧告する一方で，加盟国がとった措置に関する定期的な見直しの意義を考慮しながら，国際投資多国籍企業委員会に対して，この勧告の実施およびフォローアップを監視することを指示した。また，その目的を果たすために同委員会の下に「作業部会」を設置することが規定された。[3]

1997年に採択された「改訂勧告」は，外国公務員贈賄行為を刑事罰化するための立法案を，98年4月1日までに提出すること，外国公務員贈賄防止のために会計関連措置を強化することなどを勧告し，その上で，そうした勧告内容を

加盟国が遵守しているかどうかを監視するフォローアップ制度に言及した[4]。

2 実施主体

97年「改訂勧告」の中で,理事会は,国際投資多国籍企業委員会に対して,同委員会の下に設置される「作業部会」を通じて,他のOECD内部機関(財政委員会,開発援助委員会等)と協力しながら,この「勧告」の完全なる実施を監視し促進するために,体系的なフォローアップ計画を実施するよう指示した(第8項)。また,フォローアップの基本的な枠組みも,この第8項のなかで規定された。

3 条約上の規定

すでに見たように,条約第12条には,「監視及び事後措置」として,「締約国は,この条約の完全な実施を監視し及び促進するため,組織的な事後措置の計画を実行することに協力する」旨が規定されていた。監視及び事後措置は,前文のなかでも言及されていること,また,「措置の同等性」を達成することが監視および事後措置の重要な目的として認識されていたことについては,すでに触れた。しかしながら,作業部会が策定したモニタリング原則の中では,「措置の同等性」への言及はなく,モニタリングの目的は,条約の遵守を確保することであり,また,1997年の「改訂勧告」(そしてその後は,2009年の「勧告」)実施を確保することである,というように,条約の遵守や勧告の実施に焦点が移っている[5]。

4 フォローアップの手続

作業部会によるフォローアップは,当初,2つの段階から構成されていた。第一段階(フェーズ1)は,条約締約国の実施立法が,条約の要求する基準を満たしているかどうか,改訂勧告の実施に向けた初期活動に入っているかどう

かを評価する段階である。第二段階（フェーズ２）は，締約国が条約実施立法措置の下で実際に法を適用し，あるいは適切な法執行を行っているかどうかに関わる調査とその評価に当てられた。具体的には，政府，民間セクター，NGOなどとの協議，締約国内への「立ち入り査察」(on-site visit)等も含まれていた。[6)]

作業部会は，2009年12月，ポスト・フェーズ２の評価メカニズムを採択した。[7)] これは，「フェーズ３」の段階が追加されたことを意味する。当初から予定されていた２つの段階に新たな段階が加わり，３段階の評価体制が整備されたのである。フェーズ３は2010年から開始された。フェーズ３の対象は，①フェーズ２で確認された問題点についての当該国に関わる進展，②フェーズ２以後，国内法あるいは制度的枠組みの変更によって提起された諸問題，③法執行の取り組みと成果，④2009年改訂勧告の実施，⑤締約国に関する主要な水平的（横断的な）問題等を扱う。フェーズ３は，2014年６月にフェーズ１審査が開始されたラトビアを除き，すべての当事国についての評価が2015年半ばまでに終わることになっている。

Ｖ　条約フォローアップと日本政府の対応

本節では，フォローアップの一環として実施された対日審査の概略を示す一方で，作業部会の勧告に対して日本政府がどう対応してきたのかをまとめる。

外国公務員贈賄防止条約に関して実施された対日審査は，以下の通りである。

表　フォローアップの実施時期

	調査の実施	報告書の公表時期
フェーズ１審査	1999年４月	―
フェーズ１プラス審査	2002年４月	2002年５月
フェーズ２審査	2004年６月〜７月	2005年３月
フェーズ２追加審査	2006年２月	2006年６月[8)]
フェーズ３審査	2011年７月	2011年11月

1 フェーズ1審査

1999年4月,OECD作業部会によるフェーズ1の審査が終了し,その審査結果は,2002年5月までにフェーズ1対日審査報告書として公表された。[9]
フェーズ1対日審査報告書では,以下の諸点が指摘された。[10]

(1) 「主たる事務所」条項が乱用される危険性がある
(2) 「外国公務員」の定義が条約の「注釈14」の定義に合致せず,狭すぎる
(3) 第三者への供与が明示的に禁止されていない
(4) 法人に対する制裁が十分抑止的ではない
(5) 押収の対象となるものが,収賄側の賄賂に限定されている
(6) 管轄権原則が属地主義に限定されている
(7) 外国公務員贈賄罪に適用される「出訴期限」3年は相対的に短い
(8) 税務会計上,賄賂の経費控除が可能性である

(1) 「主たる事務所」条項

「主たる事務所」条項とは,上で言及した「第10条の2」第3項に規定された適用除外規定のことである。審査に当たった作業部会は,不正競争防止法において「主たる事務所」の定義がないこと,さらに,日本の親会社の海外子会社の日本人従業員が日本国内で当該海外子会社の国の公務員に対して賄賂を贈るような場合に当該適用除外規定が適用される可能性があることを指摘した。作業部会は,条約実施において「大きな抜け穴」になる可能性があるとして,「主たる事務所」条項は,条約の基準に合致せず,したがって,日本が「実施立法からこの適用除外規定を削除するための措置をとることを」強く勧告した。

(2) 「外国公務員」の定義

不正競争防止法「第10条の2」第2項第3号に定める「外国公務員」の定義が,外国企業に対する間接的な所有状況をカバーするほど十分に広範な規定になっていない点が問題視された。

(3) 第三者への供与

「第10条の2」第1項における犯罪は、第三者への利益供与の場合にも適用されることが明示的に規定されていない点が指摘された。この問題がフェーズ2の審査過程においても扱われることになった。

(4) 法人に対する制裁

不正競争防止法第14条の下では、外国公務員贈賄罪が認定された法人は300万円以下の罰金に処せられることになっていた。作業部会は、日本の場合の法人に適用される罰金額は、とりわけ、大企業にとって十分に「効果的で、均衡がとれ、かつ抑止力がある」ものではないとの判断から、日本に対して罰金額の引き上げを検討するよう勧告した。

(5) 押収および没収の範囲

外国公務員贈賄罪に関わる犯罪収益の押収、没収に関しては、刑法第19条および組織犯罪防止法（フェーズ1審査が実施された時点では未施行）に規定される。作業部会は、条約第3条第3項は、各締約国に、「賄賂及び外国公務員に対する贈賄を通じて得た収益（又は収益に相当する価値を有する財産）を押収し若しくは没収し又は同等の効果を有する金銭的制裁を適用するために必要な措置をとる」ことを要求している。条約の「注釈21」は、贈賄の「収益」とは、「贈賄を通じて得た利益または他の利得」を指す旨、明確に述べている。作業部会は、外国公務員贈賄罪に適用される罰金額が相対的に少ないことに加え、刑法や組織犯罪防止法の下でも贈賄の収益の押収や没収が規定されていない点を問題視し、日本に対して、この懸念を払拭するための措置をとるよう「強く」勧告した。

(6) 属地主義

日本の刑法は、属地主義を原則とする一方で、重要な法益に関わる「重大な」犯罪を列挙して、それに属人主義を適用する方式を採用している。作業部会は、外国公務員贈賄罪は刑法の属人主義適用に相当する「重大な」犯罪であると判断し、外国公務員贈賄に属人主義を適用できるようにするための是正措

置をとることを強く勧告した。

(7) 3年の出訴期限

外国公務員贈賄罪の出訴期限（公訴時効）は，刑事訴訟法第250条の規定が適用されるため，3年であった。作業部会は，出訴期限は，条約の一貫した実効的な適用の確保を考えると，さらに追及すべき一般的な問題であると指摘した。

(8) 税控除の可能性

日本の税制の下では，賄賂は「交際費」に当たるため税務会計上経費控除できないことになっていた。ただし，租税特別措置法によれば，小規模の企業では経費控除が認められる余地がある。同法の下では，「交際費」は，接待，贈物，使途不明金等が含まれる。賄賂はそのリストには含まれていないが，日本の当局は，賄賂がこれに含まれる可能性があると回答したため，「交際費」の経費控除の問題は，フェーズ2審査において再検討されることになった。

以上の諸点のうち，「強い」勧告の対象になったのが，①「主たる事務所」条項の削除，②「賄賂及び外国公務員に対する贈賄を通じて得た収益」の押収または没収，③属人主義の適用の3点であった。法人の罰金額の引き上げについても，検討することを勧告した。その他の項目は，フェーズ2において検討されるべき課題であると規定された。

2 フェーズ1審査後の進展

2001年6月，改正不正競争防止法（法律第81号（平13・6・29））が成立した。この改正の主たる目的は，インターネット上で「ドメイン名」を不正に取得，使用する行為を同法の下で規制される行為として列挙することにあったが，この改正に合わせて，フェーズ1審査の段階で作業部会から指摘されていた項目のうちの一部が手当てされた。このとき，外国公務員贈賄関係で追加変更が加えられたのは，以下の4点である。[11]

(a) 「営業上の不正な利益」の限定化　「第10条の2」第1項に規定された

「営業上の不正の利益を得るために」の文言に「国際的な商取引に関して」という文言が追加された。

(b) 「外国公務員」の定義の拡大　「第10条の2」第2項に定める外国公務員の定義について「その他これに準ずる者として政令で定める者」が追加された。

(c) 「主たる事務所」条項撤廃　「第10条の2」第3項に規定された「主たる事務所」条項がすべて削除された。フェーズ1審査における勧告を受けての対応である。

(d) 外国公務員贈賄禁止規定の条文番号の変更　従来の「第10条の2」が「第11条」に置き換えられ、それ以後の条文の番号が順に繰り下げられた。

この改正の結果、外国公務員贈賄禁止規定は、以下の通りに変更された（ただし、条文の番号については、その後再度の繰り下げが行われるが、それについては、この先で言及する）。

> 第11条　何人も、外国公務員等に対し、国際的な商取引に関して営業上の不正の利益を得るために、その外国公務員等に、その職務に関する行為をさせ若しくはさせないこと、又はその地位を利用して他の外国公務員等にその職務に関する行為をさせ若しくはさせないようにあっせんをさせることを目的として、金銭その他の利益を供与し、又はその申込み若しくは約束をしてはならない。

この2001年6月の改正不正競争防止法は、フェーズ1審査において是正勧告を受けていた事項のうち、「主たる事務所」条項、および、外国公務員の定義の拡大について手当てを行ったことになる。この対応について、2002年4月に行われた「フェーズ1プラス審査」では、「懸念事項のうちのいくつかを手当てする重要な措置をとった」ことを評価する一方で、それ以外の6点については、手当てがなされていないと指摘した。[12]

2003年から経済産業省の産業構造審議会貿易経済協力分科会国際商取引関連企業行動小委員会（以下、「小委員会」）において、外国公務員贈賄の効果的な防

止のための施策のあり方のほか，条約をめぐる課題が検討された。小委員会は，課題として残された6点のうち，属人主義の導入，ならびに贈賄を通じて得た収益の没収について前向きに早急に対応する必要があると結論づけた[13]。他方で，小委員会は，①法人の罰金刑の引き上げ，②第三者に対する贈賄の禁止規定の導入，③出訴期限（公訴時効）の延長，④贈賄資金を経費控除できないようにする規定の導入の4点については，この段階では早急に対応する必要はないとの判断を下している[14]。

小委員会の結論を受けて，2004年5月の不正競争防止法が改正され，第14条に外国公務員贈賄罪には「刑法第3条の例に従う」という一文が追加された（第3項）。刑法第3条は「国民の国外犯」を規定している。要するに，外国公務員贈賄罪について「国民の国外犯」が適用されることになったのである。それは，フェーズ1審査で課題として指摘されていた属人主義の導入の問題がクリアされたことを意味した。改正法は，2005年1月から施行された。

「賄賂及び外国公務員に対する贈賄を通じて得た収益」の押収または没収に関する法整備は，その後もほとんど進んでいない。2000年の組織犯罪処罰法の改正によって，不正競争防止法の下における外国公務員贈賄罪が前提犯罪に組み込まれたことで，外国公務員に対して供与された財産（賄賂）を犯罪収益として没収する道が開かれた。しかし，この措置は，フェーズ1審査で指摘されたところの，「外国公務員に対する贈賄を通じて得た収益」を押収および没収する体制をカバーしていない[15]。

3　フェーズ2審査

2004年6月末から7月初旬にかけて実施されたフェーズ2の対日審査報告書は，2005年3月に公表された[16]。審査報告書は，多くのページを法執行状況の評価に割いた。作業部会は，その時点まで外国公務員贈賄容疑で立件された事件がなかったことを問題視し，「日本は外国公務員贈賄罪に関する法執行におい

て十分な努力を行ってきていない」という評価を下した[17]。

　フェーズ１審査後の懸案となっていた法制面における課題に関しては，審査報告書の中で作業部会が勧告した事項には，以下の３点が含まれた。

　①　経済産業省が編纂した『外国公務員贈賄防止指針』（以下，『指針』）の中で用いられている「ファシリテーション・ペイメント」および「国際的商取引」の解釈の再検討

　②　外国公務員贈賄罪に適用される出訴期限（公訴時効）の延長措置

　③　企業または個人が使った賄賂資金の税控除禁止の措置

　このうち，②③については，すでに言及した通り，経済産業省産業構造審議会の小委員会が早急に対応する必要はないという結論を出した事項である（にもかかわらず，その後手当てがなされるのであるが）。これに対して，①は，少なくともそれまでの作業部会の指摘事項の中には含まれなかった新しい問題である。「ファシリテーション・ペイメント」の問題と「国際的商取引」の問題についてそれぞれ説明しておく。

　フェーズ１審査の段階で日本当局は，「少額のファシリテーション・ペイメント」に対する例外は存在しないと明言していた。しかしながら，経済産業省が監修あるいは編集した『外国公務員贈賄防止：解説改正不正競争防止法』[18]ならびに，『指針』[19]の中で，ファシリテーション・ペイメントが許容されると解されるような解釈が示され，また，そのような解釈を基礎とした架空の事例が提示された。この扱いが，審査団の目には方針転換に映ったようである。作業部会は，この解釈は企業関係者に誤解を与える（misleading）おそれがあると判断した。作業部会は，現在に至るまで，日本政府のこの問題の処理の仕方に厳しい目を向け続けている[20]。

　「国際的商取引」という文言については，2001年の不正競争防止法改正において「主たる事務所」条項が削除された一方で，「営業上の不正の利益を得るために」の前に「国際的な商取引に関して」という文言が追加されたことに関

連する。フェーズ２審査の段階で審査団のもとに『指針』の英訳版が届けられた[21]。審査団は，その中に，「国際商取引」とは何かを説明するための架空事例があり，その中に，「C国企業の従業員が，C国公務員に対して，C国で食品を販売する許可を得るために，日本で贈賄を行う場合」は，「『自国内の商取引』に関するケースであるので，『国際的な商取引』ではないと解される」という解説が付されていることを見つけ出した[22]。作業部会は，この架空事例における取引は「国際的な商取引」に該当すると判断した。この問題をめぐっては，日本側と作業部会との間で解釈をめぐるやり取りがあり，それらを受けたうえで，作業部会は，先のような勧告（国際的商取引」の解釈の再検討）を行ったのである。

2005年6月の不正競争防止法改正は，主として，産業スパイ防止（営業の秘密の保護）のための法的措置であったが，外国公務員贈賄規制関連の規定にも影響が及んだ。具体的には，第11条に規定されていた外国公務員贈賄禁止規定が7ケ条繰り下げられた（第18条に変更）。罰則規定についても，繰り下げが行われた（第21条に変更）。

また，不正競争防止法全体に関わる制裁システムの見直しとして，主要な規定の違反に対する罰則額が引き上げられた。自然人に対する最高刑が「3年」から「5年」に引き上げられたほか，罰金の上限については「300万円」から「500万円」に変更された。また，懲役刑と罰金刑の併科が可能になるなど，全般的に制裁の強化が図られた。

懲役刑の上限が「3年」から「5年」に引き上げられた結果，外国公務員贈賄罪の出訴期限（公訴時効）が，それまでの「3年」から「5年」へと自動的に引き上げられることになった（法人については，2006年6月に引き上げられた）。作業部会からは，「出訴期限を延長するために必要な措置をとること」を求められていたことを考えれば，それに対応するための措置であったと言うことができる。

不正競争防止法の改正および，作業部会からの勧告内容を受けて，経済産業省は，2006年5月，『指針』を改訂した。同省の説明によれば，主な修正点は，①「国際的な商取引」の解釈の明確化，②「Facilitation Payments」の解釈の明確化，③不正競争防止法改正を踏まえた形式的修正の3点であった。[23]

①と②は，明らかに作業部会の勧告を受けた対応である。「国際的な商取引」を解説する箇所では，架空の事例が全面的に削除された。もっとも，「営利を目的として行われる事業活動」の部分，「反復・継続して行われる」といった表現については，そのまま残されている。また，「Facilitation Payments」の解釈については，法律に盛り込むことを検討すべきであると勧告されていたが，政府は，以下のような解説を加えることで，「Facilitation Payments」の範囲を明確化できると考えたようである。[24]

> 「我が国の不正競争防止法においては，少額のFacilitation Paymentsに関する規定を置いておらず，少額のFacilitation Paymentsであるということを理由として処罰を免れることはできない。我が国の不正競争防止法上の外国公務員贈賄罪に該当するためには，『国際的な商取引に関して営業上の不正の利益を得るために』との要件が必要であるため，個別具体の事案においてこの要件を満たさない場合には同罪は成立しないが，少額のFacilitation Paymentsであることをもって，直ちにこの要件に欠け，同罪が成立しないこととなる訳ではない。」

4　フェーズ2追加審査

フェーズ2審査報告書において再度の審査の必要性が指摘され，一年程度以内に実施することになっていた再審査（現地への立入審査）が，2006年2月に実施され，その審査報告書が，同年6月に公表された。[25] 審査報告書は，日本政府の取り組みについては一定の評価を与えながらも，総合的な評価としては，日本の法執行当局は依然，外国公務員贈賄行為を捜査し訴追するために適切な努力を払ってきていないと判定した。そして，作業部会は，日本に対して，実効的な捜査と訴追を妨げる法的，手続き的障害についての客観的な評価を早急に

行い，6か月以内にその結果を作業部会に提出するよう勧告した。[26]

　フェーズ2追加審査報告書における勧告は，法執行に関する部分と，法的枠組みの強化に関する部分からなる。法執行については，外国公務員贈賄に関する疑惑捜査に積極的であるべきだとして，具体的には，①証拠収集を積極的に行うために早い段階で非強制的な捜査手段を活用すること，②早い段階で捜査共助を要請すること，捜査における警察の関与，ならびに，検察庁と警察庁の協力・連携を増進すること，通信傍受の利用や刑事免責付与の可能性について検討することを勧告した。法的枠組みの強化に関する部分法的枠組みの強化に関する部分に関しては，以下の4点の措置をとることが勧告された。[27]

① 外国公務員贈賄罪を刑法に移すことにより，最優先課題として外国公務員贈賄罪の認知度を高め，法執行を強化すること
② 『指針』から，「国際商取引」について「営利を目的として行われる」「反復・継続して行われる事業活動」と説明している部分を削除すること，また，『指針』の中で日本の法令はファシリテーション・ペイメントの例外を許容しない旨を明記すること
③ 証券取引法の開示書類の虚偽記載罪に適用される重要性の基準に関して，フェーズ2審査報告書で指摘された事項を再検討すること，また，日本の法令が条約第8条に合致することを確保すること
④ 公益通報者保護法が組織内の通報だけでなく，警察や検察への通報についても適用される旨を周知するために適切な措置を講じること

　最後に作業部会は，次の2点についてフォローアップを実施することを勧告した。[28] 1つは，外国公務員贈賄罪について法人に対する属人主義の適用についてであり，いま1つは，外国公務員贈賄罪に関わる捜査と訴追における自白の利用についてである。

　2007年10月，OECD作業部会は「対日フェーズ2勧告の実施に関するフォローアップ報告書」を採択し公表した。[29] 作業部会は全体として日本が客観的な

自己評価を行うために真剣かつ包括的な努力を行い，勧告内容に応えようとしたことを評価しながらも，なお適切に対処されていない問題があると指摘した点のうち，本稿の主題との関連においては，次の２点が関わる。１つは，不正競争防止法を単独法（「刑法に移行」が「単独法」という表現になった）に移すことについて適切な検討が行われていないことであり，２つ目は，日本における属地主義が，外国の子会社による贈賄に関連して日本の親会社の行動（たとえば，扇動や是認）を適用範囲とするために適切であるか否かを検討していないという点である。

これ以外に，法執行面に関して作業部会が納得しなかった事項の１つは，『外国公務員贈賄防止指針』の中に依然としてファシリテーション・ペイメントに関する「混乱させる議論が残っている」点である。これについて作業部会は「注目する」と述べるにとどめている。

5　フェーズ３審査

2011年７月26日から28日にかけて，作業部会の審査団による対日フェーズ３審査が実施された。フェーズ３の対日審査報告書は，2011年12月16日に作業部会で採択された[30]。報告書は，法執行の観点に関して11項目を列挙している。それらは，①外国公務員贈賄罪，②法人の責任，③制裁，④賄賂および犯罪収益の没収，⑤捜査および起訴，⑥マネーロンダリング，⑦会計処理，外部監査，コンプライアンス，倫理プログラム，⑧贈賄と闘うための税措置，⑨国際協力，⑩同罪に関する認知度および通報制度，⑪（企業が享受する）公的な恩典である。このリストからだけでも，外国公務員贈賄防止に関して日本が直面する法執行課題の広がりを窺い知ることができる。

作業部会は，フェーズ２審査で指摘された事項のうち，『指針』におけるファシリテーション・ペイメントおよび「国際的商取引」に関する誤解を招くような表現が削除されたことをもって，勧告内容が十分に実施されたと記述し

ている。また，またはフェーズ2追加審査で指摘された事項のうち，捜査や証拠集め等，法執行強化に関する事項は，部分的に実施されたと評価した。不正競争防止法の位置づけについては，同法が法執行の支障になっているとの懸念を残しつつも，摘発の実績があったことなどを勘案し，フェーズ2追加審査における勧告実施を求めるよりも，むしろ，法執行の強化と改善に対する取り組みを進めるほうが日本政府にとっても建設的であると判断した。[31] 作業部会側の妥協的な姿勢が現れたものと受け止めることができる。もっとも，審査団は，摘発事例が大きく増えない場合には，再度この問題を検討するよう作業部会に対して勧告した。

　フェーズ3審査報告書は，最終的に日本政府に対して，14項目の勧告を公表した。それらは，外国公務員贈賄罪の効果的な捜査，起訴，制裁確保に関するものと同罪の効果的な防止および抑止に関するものに分けられている。前者では，自然人および法人に対する制裁レベルが十分に効果的，抑止的であることを確保するために適切な措置をとること，有罪評決時に犯罪収益を没収する法的根拠を整えること，犯罪収益の洗浄を刑事罰化することが勧告されたほか，フェーズ2追加審査で指摘され，部分的にしか実施していないと評価された事項（早期段階での捜査共助要請，検察庁と警察庁の協力・連携増進，通信傍受の利用や刑事免責付与の可能性等）についても，勧告の対象に含まれた。後者では，少額のファシリテーション・ペイメントに関する方針の定期的な見直し，そのような少額の支払いの禁止を組織内規程に盛り込むことに関する企業への奨励，外国公務員贈賄罪の防止と早期探知に関する経済産業省の役割の強化，同罪の防止と探知に資するために国内の会計および会計監査の体制，税務当局による探知体制，公的輸出信用付与機関との協力強化といった事項にまで及んでいる。以前には指摘されていなかった項目も新たに盛り込まれるようになっており，日本政府が対応すべき事項はいっそう増えている。

　作業部会は，勧告事項のフォローアップとして，犯罪収益没収法整備，捜

査・起訴環境の整備，犯罪収益の洗浄を刑事罰化の3点については6か月以内に，また，ファシリテーション・ペイメント方針の定期的な見直し・組織内規程への盛り込み奨励，経済産業省の役割強化，公益通報者保護関連の進展の3点については2年以内に，それぞれ書面の報告書を提出するよう求めている。[32]

2014年2月にフェーズ3のフォローアップ報告書が公表された。[33]この報告書は，日本側が提出したフォローアップ報告書の内容を作業部会が検討したうえで出されたもので，日本の取り組みに対する作業部会の評価が反映されている。日本側が勧告されていた項目のうち6項目については，作業部会は「十分に実施された」と結論づけている。8項目については，「部分的に実施された」と評価し，別の4項目については，「実施されていない」と評価した。部分的実施と非実施に項目について，日本は1年以内に報告することを求められた。

「非実施」と判断された項目には，制裁の水準，犯罪収益の没収の法的整備，犯罪収益の洗浄を刑事罰化，税務当局の検知能力の強化のための措置が含まれる。「犯罪収益の没収」については若干の説明を加えておきたい。この文脈における「犯罪収益」とは，「外国公務員への贈賄で得た収益」のことを指す。[34]外国公務員が得た財産については，組織犯罪処罰法第2条2項3号の下で，没収することができるが，贈賄によって獲得した利益の全部または一部を没収する手続きは整っていない。この体制不備は2005年のフェーズ2審査以来，作業部会によって指摘されてきている。法人に対する罰金刑しかない状況は，条約第3条3項の義務を履行していない，というのが作業部会の判断である。日本政府の弁明としては，国際組織犯罪防止条約と国連腐敗防止条約の義務を履行するための国内法整備をするために2005年に国会に提出した一括法案の中にその種の犯罪収益没収を可能にする改正部分を含めていたが，共謀罪に対する抵抗等にあって，結局，同法案はいまだ成立していない状況がある。

フォローアップ報告書では，これまでの勧告とは別の形で，日本に対して新たな勧告が出された。それは，外国公務員贈賄罪に関する法執行を促進するこ

とを狙いとした，警察・検察資源の組織化のためのアクションプラン（行動計画）の策定と実施である。アクションプランには，次の3点を盛り込まなければならないことになった。[35]すなわち，①『指針』等，経済産業省の公表する資料の中でファシリテーション・ペイメントの違法性ならびに賄賂との違いを明確化すること，②税務調査官が税還付に「雑費」として虚偽申告されている賄賂の支払いを積極的に探知できるような方法・手段，③出訴期限の失効によってもたらされる法執行上の問題である。

　フォローアップ報告書の内容に関して注目したいのは，次の2点である。1つは，日本政府が不正競争防止法の位置づけに関すること，いま1つは，ファシリテーション・ペイメントの扱いに関することである。外国公務員贈賄罪が経済法のカテゴリーに入る不正競争防止法の中に規定されていることに対して，作業部会は，再三，刑法への移行の検討を勧告していたが，日本政府が不正競争防止法の位置づけは同罪に関する法施行に影響を与えていないとしてその必要性について反論してきた。その結果もあって，フォローアップ報告書では，不正競争防止法の位置づけが事実上，取り下げられた形になっている。ファシリテーション・ペイメントについては，『指針』における「誤解を招くような表現」の削除がフェーズ2審査以来，勧告されていたものが，フェーズ3の対日審査報告書において，作業部会は，（「国際的商取引」に関する部分も含めて）その部分が削除されたことを「歓迎する」としていた。[36]それにもかかわらず，フェーズ3のフォローアップ報告書において，再び，ファシリテーション・ペイメントの問題が提起された。ファシリテーション・ペイメントの合法性／違法性について不明瞭な情報（unclear information）が含まれているというのである。[37]経済産業省の役割についての懸念をめぐる環境要因によって引き起こされたものであると思われる。客観的に見るかぎり，勧告を受ける側にとっては，勧告を出す側の立場の一貫性について疑問を抱くとしても不思議ではないように思われる。[38]

VI おわりに

　以上，外国公務員贈賄防止条約のフォローアップの過程の中で，その責任を担う作業部会が，日本政府が条約義務履行のためにとった国内措置を，どのように評価したか，また，評価を受けた日本政府がどのように対処してきたかに焦点を絞って記述してきた。作業部会の指摘を受けた日本政府は，少なくとも初期の段階では，勧告を受けた内容を比較的素直に受け止めて，関連法令に関する是正措置をとってきたと見ることができる。しかしながら，フォローアップの対象が法執行の局面に移ってからは，必ずしも勧告された内容をそのまま受け入れてきているとは言えない状況がある。勧告内容が法制度あるいは法執行文化の修正を伴うような部分に関しては，一定の時間を要するということは当然のことでもある。そのあたりのことを含めて，若干，評価が分かれる部分はあるとしても，日本の国内実施状況を全般的に見るかぎりにおいては，OECD作業部会によるコントロール機能は，一定程度，成果を上げたと結論づけてよいであろう。[39)]

　他の締約国に対する作業部会のフォローアップ状況およびその全体的な評価，ならびに，国連腐敗防止条約のレビュー・メカニズムとの比較における評価等については，紙幅の制約があるため，本稿でカバーすることができなかった。[40)]別の機会に譲らざるを得ない。

1)　「フォローアップ」という言葉は，条約第12条の中で「組織的な事後措置の計画」a programme of systematic follow-up という形で使われている。それは，条約の完全な実施を監視し促進するための制度として位置付けられている。ただし，作業部会のフォローアップの段階が進む中で，ある国の国内対応に関して「追加的な」情報収集または情報交換のプロセスについても，これを「フォローアップ」と呼ぶ実践が積み上がっていった。たとえば，本稿の第V節で扱う主題の中でも，「フォローアップ報告書」と呼ばれる文書が公表されている。追加的な作業を意味する「フォローアップ」という言葉と，条約の監視システムの部分を構成する「フォローアップ」という表現が混在して使われる状況は紛らわしい。本来は，条約の監視システムのほうは，「レビュー・メカニ

ズム」といった言葉を用いたほうがよかったのかもしれない。国連腐敗防止条約では，「レビュー・メカニズム」review mechanism の語が使われている。
2) 条約の前文では，「締約国においてとられる措置の同等性を害する逸脱なしにこの条約を批准することが必要である」という（加盟国の）認識が述べられている。また，「注釈」においては，条約は，締約によって取られる措置の「機能的同等性」functional equivalence を確保することを狙いとする旨が記されている。Commentaries on the Convention on Combating Bribery of Foreign Public Officials in International Business Transaction, Adopted by the Negotiating Conference on 21 November 1997, paragraph 2.「機能的同等性」の意味等については，以下を参照されたい。Peith, M.ark, et. al., The OECD Convention on Bribery: A Commentary (Cambridge University Press, 2007), pp. 27-30.
3) 条約フォローアップ制度の歴史については，梅田徹『外国公務員贈賄防止体制の研究』（麗澤大学出版会，2011年），34-38ページを参照。
4) Revised Recommendation of the Council on Combating Bribery in International Business Transactions, adopted by the Council on 23 May 1997, C897)123/FINAL.
5) Country Monitoring Principles for the OECD Ant-Bribery Convention. at http: //www. oecd. org/daf/anti-bribery/anti-briberyconvention/countrymonitoringprinciples fortheoecdanti-briberyconvention.htm
6) *Ibid.*
7) *OECD Working Group on Bribery Annual Report 2009; OECD Anti-Bribery Convention Phase 3 Monitoring Information Resources* at http://www.oecd.org/daf/anti-bribery/anti-briberyconvention/Phase3InformationResourcesManualENG.pdf
8) 追加審査を受けた後にも，日本政府は，2007年に自己評価報告書を提出したほか，2008年3月，2009年10月にそれぞれ口頭による報告を行っている。*Phase 3 Report on Implementing the OECD Anti-Bribery Convention in Japan, 16 December 2011*（以下，*Japan Phase 3 Report* と表記する），p. 8.
9) *Japan, Review of Implementation of the Convention and 1997 Recommendation, 21 May 2002*（以下，*Japan Phase 1 Report* と表記する）．
10) *Japan Phase 1 Report*, pp. 26-29. 本稿本文に掲載している情報は，同報告書の内容を基礎にしている。
11) 梅田徹『前掲書』（注3），96ページ。
12) 'Annex 1, Evaluation of Japan: Phase 1 bis as approved by the Working Group on Bribery on 25 April 2002', *Japan Phase 1 Report*, p. 30.
13) 経済産業省産業構造審議会貿易経済協力分科会国際商取引関連企業行動小委員会「外国公務員贈賄の効果的な防止のための施策のあり方について」（2004年2月6日），14-15ページ。
14) この4点が課題として残されていることについては，対日フェーズ2審査報告書の中でも確認されている。*Japan: Phase 2 Report on the Implementation of the Phase 2 Recommendations*, 10 October 2007（以下，*Japan Phase 2 Report* と表記する），foot-

note（22），p. 9.
15) この問題に関しては，本稿のこの先でも議論する。
16) *Japan Phase 2 Report*.
17) *Japan Phase 2 Report*, p. 56, paragraph 3.
18) 通商産業省知的財産政策室監修『外国公務員贈賄防止：解説改正不正競争防止法』（有斐閣，1999年）。
19) 経済産業省『外国公務員贈賄防止指針』（平成16年5月26日）。
20) *Japan Phase 2 Report*, p. 38, paragraph 136.
21) *Ibid.*, p. 41, paragraph 147.
22) *Ibid.*
23) 経済産業省『外国公務員贈賄防止指針』（平成18年5月1日改訂版）。
24) 同上，14ページ。
25) *'Japan Phase 2 bis, Report on the Application of the Convention on Combating Bribery of Foreign Public Officials in International Business Transactions and the 1997 Recommendation on Combating Bribery in International Business Transactions'*, 15 June 2006.（以下，*Japan Phase 2 bis Report* と表記する）。
26) *Japan Phase 2 bis Report*, p. 32, and p. 7.
27) *Ibid.*, p. 33, paragraph 8.
28) *Ibid.*, p. 33, paragraph 9.
29) *Japan: Phase 2 Report on the Implementation of the Phase 2 Recommendations*, 10 October 2007.
30) *Japan Phase 3 Report, supra* note 9.
31) *Ibid.*, p. 15, paragraph 15.
32) *Ibid.*, pp. 42-43.「求める」と訳しているが，原語では，invite となっている。
33) *Japan: Follow-up to the Phase 3 Report & Recommendations*, 5 February 2014.（以下，*Japan: Phase 3 Follow-up Report* と表記する）。
34) 外国公務員贈賄防止の議論における「犯罪収益」の意味には，しばしば混乱が見られる。公的サイトといえどもその例外ではない。OECD が2014年6月12日付けで公表した，日本の法執行状況に深刻な懸念が残る旨の声明は，OCED 東京センターのサイトに日本語訳が出され，そのサイトが経済産業省の外国公務員贈賄防止サイトにリンク貼られて閲覧できるようになっている。その声明には，作業部会の日本に対する勧告には以下が含まれているとして，
　　・外国公務員贈賄事件の探知・捜査・訴追への取り組み強化
　　・「外国公務員が贈賄で得た収益」を没収する法的根拠の確立
　　・「外国公務員が贈賄で得た収益」をロンダリング（洗浄）することの犯罪化
　　・外国公務員贈賄罪の日本における所管官庁である経済産業省の役割強化
　　・公益通報者保護法の見直し
の5項目が列挙されている。このうちの「外国公務員が贈賄で得た収益」（2か所）の部分は，誤訳である。英語の原文に忠実に訳せば，「外国公務員への贈賄で得た収益」

となるべきである。この点については，国際経済法学会における私の報告中でも言及したほか，経済産業省を通じて申し入れを行った。2015年8月までに情報は修正された。
35) *Japan: Phase 3 Follow-up Report, supra* note 33, p. 15, paragraph 14.
36) 対日フェーズ3審査報告書の中で，以前から指摘されていた「誤解を招く情報が2010年に削除された」ことをもって，(対日審査に当たった)主任審査員は「『指針』を改正するようにとの勧告が完全に実施されたことに満足している」旨の記述がある。*Japan Phase 3 Report, supra* note 9, p. 12, paragraph 18. 報告書の内容における一貫性について疑義が残る1つの証拠として指摘することができる。
37) 『外国公務員贈賄防止指針』の最新の版では「ファシリテーション・ペイメント」について，以下のように記されている。「我が国の不正競争防止法においては，少額のFacilitation Paymentsに関する規定を置いておらず，少額のFacilitation Paymentsであるということを理由として処罰を免れることはできない。少額のFacilitation Paymentsであるか否かにかかわらず，個別具体の事案において，「国際的な商取引に関して営業上の不正の利益を得るために」との要件を満たす場合には，外国公務員贈賄罪が成立し得る。」『指針』(平成22年9月2日改訂版)，14ページ。
38) 上記注(36)参照。
39) 外国公務員贈賄防止条約の初期の段階におけるフォローアップのコントロール効果については，梅田徹『前掲書』(注3)第5章参照のこと。
40) 国際経済法学会における報告では，2005年までの他の条約当事国に対するフォローアップの成果を概観し，フォローアップは一定のコントロール機能を果たしていると結論づけた。初期の段階のフォローアップに関しては，梅田徹『前掲書』(注3)を参照されたい。

(麗澤大学外国語学部教授)

論　説　国際経済法の発展における OECD の役割

多角的貿易体制と OECD
―― OECD とガット・WTO の相互関係 ――

濱　田　太　郎

Ⅰ　はじめに
Ⅱ　OECD とガット・WTO の従来の相互関係
Ⅲ　OECD と WTO の新たな相互関係
　1　造船協定交渉
　2　鉄鋼協定・新造船協定交渉
　3　FTA による補助金禁止規律
　4　補助金協定による OECD 輸出信用ガイドライン取極の参照
Ⅳ　おわりに

Ⅰ　はじめに

　経済協力開発機構（OECD）は，広範な経済・社会問題に取り組み，先進国のクラブ的性格を有する国際組織である[1]。OECD の活動の主体は，加盟国間の交渉でなく意見及び情報の交換と政策調整であり，継続的協議と相互審査を通じて共通認識を醸成し相互協力と協調行動により各国の政策調和を図ることにある。とりわけ，加盟国政府出向職員を含めた多くの専門職員が必ずしも一定の結論を得ることを目標とせずに調査研究を行う事務局が政策調和に果たす役割が大きい[2]。OECD には国際裁判等の強力かつ強制的な紛争処理手続はなく，コンフロンテーション方式と言われる対話と相互監視（ピアレビュー）により政策調和を図ることが特徴とされる。

　その機構としての意思決定は原則として全会一致に基づく[3]。OECD は勧告

あるいはすべての加盟国を拘束する決定を採択できるが，先行研究はOECDが制定する規範のうち決定やOECDが中心となって制定した協定・条約よりもむしろ拘束力のない勧告やガイドライン等に着目してきた。そして，単なる紳士協定にもかかわらず遵守されてきたと結論付けている[4]。あるいは，こうした規範の多様性が反って法規範の拘束力を強めていると主張されてきた[5]。

貿易分野については，OECDは国際的義務に従って多角的かつ無差別な世界貿易の拡大に貢献することを目的とする（OECD条約1条(c)）。ここに言う国際的義務には，多角的貿易体制を保障する関税と貿易に関する一般協定（ガット）や世界貿易機関（WTO）協定等が含まれる。ゆえに，本稿は，OECDがこのような目的のためにどのような貢献を行ってきたか検討・評価しながら，OECDと多角的貿易体制の関係，すなわち，OECDとガット・WTOの相互関係を明らかにする。

貿易分野においてOECDは全加盟国を拘束する決定を行ったことはない。先行研究は，拘束力のない勧告やガイドライン等が集積されている輸出信用を主な分析対象としてきた。本稿は，輸出信用については最新の動向を分析し，その他の貿易分野[6]におけるOECDの活動も検討する。OECDが中心となって制定しようとした強力かつ強制的な紛争処理手続を有する協定・条約の制定交渉，OECDの紳士協定がWTOの紛争処理手続において「解釈・適用」された事例の意義と問題点を検討することで，OECDとWTOの新たな相互関係を示す。

II　OECDとガット・WTOの従来の相互関係

貿易分野におけるOECDの役割は，大別すれば，次の5点に整理できる。

第1に，OECDの閣僚理事会や貿易委員会等の内部機関においてあるいはOECD加盟国間の非公式協議等を通じて情報交換あるいはガット・WTOの事前交渉を行いその合意形成を促進してきた。

OECD閣僚理事会や先進国首脳会合で先進国間の政策調整が行われ、ガット締約国団会議やWTO閣僚会議の合意を主導してきた。近年の例を挙げると、OECD閣僚理事会では、①WTOのラウンド交渉の開始や交渉打開・促進[7]、②保護主義的措置監視体制の構築[8]、③過剰生産能力の削減と市場歪曲的措置に関する規律強化に向けた造船協定や鉄鋼協定の交渉開始・交渉打開・促進[9]等が合意された。保護主義的措置監視体制については、WTOの貿易政策検討機関（TPRM）が行っている定期的報告書公表とは別に、WTO、OECD、UNCTADの共同でG20各国の監視報告書が公表された[10]。

　OECD加盟国は、ガット締約国団会議等に際して非公式協議を行い、情報交換や事前交渉を行っていた[11]。ガットの第4回（ディロン・ラウンド、1961-62年）までのラウンド交渉では、国別・品目別交渉方式（リクエスト・オファー方式）の関税交渉を行っていた。リクエスト・オファー方式は二国間のリクエスト品目とオファー品目が一致しにくく、非公式協議における情報交換や下交渉が交渉成功の鍵となっていた[12]。

　OECDは国際組織として機能不全であったガットの欠陥を補完した。ガットには全締約国から成る締約国団会議しか意思決定機関がない。しかし、実質的な交渉が主要国間会合（いわゆるグリーンルーム会合）において事前に行われ、主要国間の合意形成（クリティカルマス）が成されてから、正式な意思決定が締約国団会議において行なわれていた。

　近年では、OECDで貿易以外を所掌する他の委員会等においても貿易自由化が主題に取り上げられ、各国の政策協調を実現してきた。例えば、OECDでは、構造調整、規制緩和・規制改革等の課題に関連して電気通信、専門職業、電力、金融サービスの自由化等が取り上げられた[13]。OECDでの情報交換あるいは事前交渉がWTOの合意形成を促進する可能性は今後も拡大していくと考えられる[14]。

　第2に、OECDとガット・WTO事務局の人的交流による情報共有があげら

れる。例えば OECD 貿易委員会では，各国政策責任者（日本ならば外務省経済局長，経済産業省通商政策局長等）が出席し，ガット・WTO 事務局から部長等が出席し，[15)]定期的な意見交換を行っている。さらに，世界最大のシンクタンクといわれる OECD 事務局には，多数の加盟国政府職員が出向しており，政府，OECD，ガット・WTO 間で情報共有がなされる。

　第3に，ガット事務局に代わり OECD 事務局が貿易自由化に関する分析や政策提言を行ってきた。ガットには事務局に関する規定がなかった。交渉日時設定や文書配布等の限定的な役割を果たすために極めて小規模な事務局がガット発足直後に設置された。事務局は徐々に増員され機能が強化されていったが，事務局独自の分析・政策提言能力は限られていた。リクエスト・オファー方式に代わる一括引き下げ方式（フォーミュラ方式）の導入について米国と EEC が対立すると[16)]，1972年の OECD ハイレベル特別貿易グループによる「レイ・レポート」がその対立緩和に寄与した[17)]。OECD が政府調達協定（GPA）やサービス貿易一般協定（GATS）等の交渉開始と合意に大きく貢献した。これらの分野においては，事務局の分析報告や政策提言により加盟国間の情報共有・政策対話が進み，発想や政策の転換が起こった[18)]。OECD 事務局が政府調達やサー[19)]ビス自由化の協定案を提示し[20)]，先進国間の意見交換を促進し合意形成が促進された。

　もっとも，このような OECD の役割には限界がある。OECD の分析報告は，国際社会で一定の正統性を有するものの先進国寄りの内容であり途上国から逆に反発を招くことがある。途上国は，政府調達やサービス貿易自由化交渉は積極的ではなかった。現行 GPA ですら複数国間協定として一括受諾の対象でなく途上国はほとんど加入していない。また，サービス貿易自由化については，OECD はより自由化効果の大きいネガティブ・リスト方式を提唱していた[21)]。GATS は妥協の産物としてポジティブ・リスト方式をとった。OECD が農業保護の指標として用いる生産者支持相当量（PSE）は農業協定で用いられず助

成合計量（AMS）が代わりに用いられた。国内政策だけを規律する AMS は，行政価格と国際価格の差を内外価格差とする。関税等国境措置を含めた農業保護を示す PSE は，国内価格と国際価格の差を内外価格差とする。国内価格を釣り上げる関税等の様々な障壁を実際に無くさない限り PSE は小さくならない。AMS を用いることで農業自由化をより形骸化することができ，先進国が農業保護を温存しやすくなると考えられる。[22]

第 4 に，紛争処理手続だけでなく交渉の場まで含めた広義の forum shopping が OECD とガットの間で繰り広げられていた。OECD は非公式，非拘束，先進国間での意見交換の場，ガットは規則制定，紛争処理の場として使い分けられていた。[23] 一例をあげると，米国が OECD 鉄鋼委員会を設置するよう働きかけたのは，ガットにおける規律形成と国内鉄鋼業界及び議会対策を両立させたものと見ることができる。行政府が東京ラウンド交渉を遂行するためには，輸入制限や管理貿易を要求する国内鉄鋼業界の要求を抑える必要があった。東京ラウンド当時米国鉄鋼業界は輸入制限を要求しており，実際に1969年から74年まで日本と EC は対米自主規制を余儀なくされていた。1974年通商法の成立前後で米国鉄鋼業界は鉄鋼分野において旧繊維協定（MFA）に類する管理貿易制度を構築するよう要求していた。

他方で，東京ラウンド交渉では，関税だけでなく非関税障壁に関する規律（いわゆる東京ラウンドコード）についても交渉が行われていた。こうしたガットの規律拡大・強化のために米国行政府は交渉権限付与とその拡大を目的としてさらには交渉妥結後の国内実施法として1974年及び1979年通商法を成立させる必要があった。そのための議会対策が不可欠であった。1974年通商法には鉄鋼分野等のセクター別交渉が規定されていた。米国行政府は東京ラウンドでも当初はセクター別アプローチを提唱していたが，日本等の反対で結局セクター別アプローチは受け入れられなかった。米国行政府は，代えて1977年に OECD 鉄鋼特別部会その後 OECD 鉄鋼委員会を発足させ，そこで鉄鋼業が抱

える過剰設備問題等の構造的問題と不況下での低価格輸出すなわち景気循環的問題を討議し事実調査や意見交換を行った。米国は管理貿易を排除し東京ラウンドを成功させつつ，国内鉄鋼業界及び議会対策の両立を図ったのである。

第5に，OECDにおける規範形成がある。OECDは，輸出信用に関し，紳士協定，勧告，ガイドライン等を採択してきた。これらは強制的な紛争処理手続がないにもかかわらず遵守されてきた。[24]

1963年OECD貿易委員会は輸出信用グループを設立し，輸出信用に関する規律について交渉を開始した。1970年代の前半は輸出信用の事後通報制度，核燃料や衛星通信等の分野（セクター）別の了解を制定した。[25] 1976年理事会は「輸出信用に関するコンセンサス」を採択した。このコンセンサスは，あくまで各国が一方的に実施する形式をとった。OECD加盟国のうち有志国は，1978年に公的輸出信用ガイドライン取極（以下，取極）を締結した。この取極は全加盟国を拘束する決定でなく有志国間の紳士協定である。頭金，償還期間，元本償還と利払いの方法，金利（最低固定金利），プレミアム料率（最低プレミアム料率），手数料，タイド援助条項等の規律等が設けられた。しかし，この取極は締約国が公的支持を与える際に供与し得る最も柔軟な信用条件を規定している。確固たる約束として参加国が負うものは，通報や情報交換である。OECD事務局が各国からの通報管理等の事務を行う。紛争処理手続はなく執行手段は一種の対抗措置であるマッチングのみである。マッチングとは，他の締約国が取極に適合的でない条件による輸出信用取引を行った場合には，それと同様の条件で輸出信用取引を行うことを認める制度である。マッチングの対象となるものには最低プレミアム料率等がある。[26] 1984年原子力発電プラント，1986年民間航空機等のセクター了解が制定された。ガイドライン取極とセクター了解は別途の協定とされ後者だけを締結することもできる。市場貸出基準金利の計算に関する基準，タイド援助に関する規則等がその後採択されている。取極はセクター了解とともに頻繁に改正されてきた。

また，OECD は，造船分野でもガイドライン等を採択してきた。1969年 OECD 加盟国のうち有志国が船舶の輸出信用に関する了解を紳士協定として締結した。1969年理事会は「造船業に関する政策のための一般的ガイドライン」，1972年「造船業における正常な競争条件に対する障害の漸進的撤廃に関する一般協定」を採択した。いずれも理事会勧告であり加盟国を法的に拘束するものではない。数次の改正が行われていたが，これらを発展させる形で1994年「商業的船舶製造・修繕業における正常な競争条件の確保に関する協定」（以下，造船協定と呼ぶ）案が合意された。

Ⅲ　OECD と WTO の新たな相互関係

OECD と WTO の間では，新たな2種類の相互関係が見られる。第1に，OECD において強力かつ強制的な紛争処理手続を有する協定・条約の制定交渉が続いていることである。第2に，紳士協定とされる取極が参照条項を通じて WTO の紛争解決手続において「解釈・適用」されていることである。

1　造船協定交渉

造船協定は，OECD が貿易分野において強力かつ強制的な独自の紛争処理手続を有する協定を制定しようとした初めての例である。造船協定は，米国の要請により1989年に交渉が開始された。[27] 1989年6月，米国造船業界は，日本，韓国，西ドイツ，ノルウェーの4か国の造船助成が不公正であるとして通商法301条に基づき米国通商代表部（USTR）に提訴した。米国造船業界は，冷戦終了後の軍事支出減少による艦艇建造需要の減少を商船受注によりカバーしようとし，外国政府の助成が商船市場参入を阻害していると非難した。これがきっかけで，OECD で造船協定交渉が開始された。造船協定は，日本，EC，フィンランド，韓国，ノルウェー，スウェーデン，米国等の全交渉参加国の批准等により発効する（13条1項）。

強力かつ強制的な独自の紛争処理手続を有する協定の制定交渉は画期的だが，その背景には米国の301条による一方的措置の脅しがあった。しかし，結局米国が翻意し批准せず同協定案は未発効に終わった。米国の翻意は造船業界の方針転換が原因である。米国造船業界は，①業界最大手が1998年に商船市場から撤退したことによる国内競争の緩和，②1993年クリントン政権による造船助成を拡大させる政策転換等により，沿岸内陸河川航路に米国内建造船しか航行できないとする船舶規制により保護された国内市場を堅持すればよいとの発想に転換したのである。[28]

 造船協定の意義は，①造船業に対する公的助成を輸出信用等の輸出補助金を含め包括的に禁止したこと（1条1項），②正常価額を下回る販売が国内市場に損害を発生あるいはそのおそれがある場合を加害的ダンピングとし禁止したことにある（1条2項）。造船は，物品（船本体）とサービス（補修等）の両方を指す。船舶は通常一隻ごとの受注生産でダンピング防止協定の適用が実際的ではなく，特別の規律が設けられた。[29]

 紛争処理手続としてパネル手続が設けられた。違法な助成を行う違反国がパネルの決定を履行しない場合には，違法な助成を受けた船舶製造事業者が他の船舶製造事業者による加害的価格による損害の救済を得られないようにする，あるいは，被害国が違反国に対しガット上の同等の譲許を停止することができる。また，被害国が加害的ダンピングを行った外国の船舶製造事業者に対し対抗措置を取ることができ（8条10項），[30]パネルは対抗措置を制限できる。造船協定の紛争処理手続は，いずれかの締約国によるパネルへの一方的提訴を認め，パネルの決定を履行しない場合には違反国等に対し対抗措置を発動できるという点で強力かつ強制的である。

 WTO協定の相互参照と紛争処理手続の選択義務は興味深い。いずれもWTO協定との抵触を回避しようとしている。補助金協定1条にいう補助金の利益については補助金協定14条に従って決定される（8条5項(b)）。造船協定上

の特定性は補助金協定2条に従って決定される（附属書Ⅰ注2）。造船協定のパネルは，紛争解決了解（DSU）に倣い，解釈に関する国際法の慣習規則に従い造船協定の規定を解釈する（8条6項(b)）。造船協定に基づく措置を取る場合には他の紛争処理手続に申立を行ってはならない（8条9項）。加害的ダンピングについて，WTOの加盟国であって造船協定の締約国でない国がダンピング防止協定に基づく手続を既に開始している場合は，造船協定の締約国は手続開始を保留する（附属書Ⅲ5条2文）。将来ダンピング防止協定が改正された場合は当該改正を造船協定に統合する（加害的ダンピングコード1条2項）。

このように，OECDでは強力かつ強制的な独自の紛争処理手続を有する造船協定を制定しようとし，参照条項や紛争処理手続の選択義務を通じてWTO協定と両立を図ろうとした。

2 鉄鋼協定・新造船協定交渉

米国は，アジア通貨危機以降，鉄鋼業の構造的問題と景気循環的問題の深刻化を受け，造船協定と同様に補助金を包括的に禁止する法的拘束力のある協定（鉄鋼協定）の締結交渉を提唱し強力に交渉を主導した。[31] この交渉にはOECD加盟国に加え，OECD非加盟国であるが世界的な鉄鋼輸出国である中国，ブラジル，ロシアが参加した。鉄鋼協定は，鉄鋼業に対する補助金の包括的禁止，WTO協定との将来的統合規定等，造船協定と類似の構造を有している。[32] しかし，①禁止の例外，②途上国優遇措置，③相殺措置の3点に合意が得られず，[33] 特に中国と主要先進国との対立が解けず，[34] 結局2005年に交渉終了が宣言された。

他方で，米国以外のOECD加盟国は，未発効に終わった造船協定の復活を希望した。しかしながら，造船協定を米国が批准しないことは確実であるため，世界的な造船輸出国である中国を加え，それ以外にも台湾，ルーマニア，トルコ，ウクライナ等が交渉に参加し，造船協定をベースにした新たな法的拘束力のある協定（新造船協定）の締結交渉が行われた。[35] この交渉は，OECD輸出信

用取極の船舶セクター了解の改正という成果をもたらしたものの，結局米国の消極姿勢や中国の反対等で2005年に交渉終了が宣言された。

このように，OECDにおいては造船協定交渉の失敗にもかかわらず鉄鋼・造船分野において再び法的拘束力のある協定を制定しようとする交渉が行われた。そして，この交渉に世界的輸出国たるOECD非加盟国が参加し，事実上OECDの拡大を図る，すなわち，非加盟国の学習や非加盟国との情報交換・政策協調が図られたのである。しかしながら，交渉参加各国の深刻な利害対立を受けていずれも交渉は失敗に終わった。

3　FTAによる補助金禁止規律

鉄鋼協定・新造船協定に関するOECDの交渉が暗礁に乗り上げると，米国やEUは，主として中国等の新興国の補助金を念頭に置いてコスト割れ・二重価格に関する補助金規律の強化をWTOのドーハラウンド交渉で提案した。[36]
しかし，ドーハラウンド交渉が停滞すると，EUは韓国FTAの中に補助金規律を設けた。EUが締結するFTAに国家助成に関する規律が設けられることが多い。しかし，EU韓国FTAの補助金規律は，FTA上の紛争処理手続の対象となること，国家助成でなくWTO協定にいう補助金を規制すること等で他のEUのFTAと比べ規律内容が特異である。

EU韓国FTA11.11条は，補助金協定がいう禁止補助金（輸出補助金及び国内産品優先使用補助金）ではない2種類の補助金を禁止した。第1に，政府等が企業の負債・債務を無制限に負う法的取決に基づき交付する補助金である。第2に，倒産または経営難の企業からの返済がなく，長期的視野に基づく現実的な再建計画もないままに交付される当該企業に対する融資，債務保証，資金提供等である。前者の補助金を禁止する趣旨は，貿易歪曲的な効果が永続するからとされている。後者の補助金を禁止する趣旨は，EUの救済再建に関するガイドラインをFTAに取り込んだもので，経営難の企業が補助金だけにより人為

的に存続しないようにすることとされている。これには，WTO での韓国商船事件で EU が立証できなかった悪影響・著しい害を伴う補助金が含まれている。韓国商船事件で EU は，①政府系金融機関を通じた債務免除等の企業再建助成，②経営破綻企業に対する資産譲渡及び優遇税制，③造船会社への輸出促進金融制度が，輸出補助金に該当しあるいは著しい価格上昇阻害または価格押し下げという悪影響をもたらしていると主張した。パネルは，政府系金融機関の融資条件について商業的考慮から外れたものであることを立証していない等を理由に補助金の存在を認めなかった。著しい害については，補助金の不存在に加え因果関係も立証していないと指摘し訴えを認めなかった。EU 韓国 FTA では，韓国商船事件で争われた造船業に対する補助金を禁止補助金として規定した。

　EU 韓国 FTA も WTO 協定の参照条項を設け，WTO 協定との抵触を回避しようとしている。FTA 上の補助金は補助金協定 1 条 1 項にいう条件を満たす補助金を指し，補助金協定 2 条に定める特定性を満たす場合 FTA 上の特定性を満たすと規定した（11.10条）。

4　補助金協定による OECD 輸出信用ガイドライン取極の参照

　先に述べたように，取極の執行手段はマッチングのみに限られる。しかし，補助金協定が取極を参照したことにより，WTO のパネルによる解釈が蓄積されてきた。

　ガットの補助金規律は弱くガット16条のみであり，1955年にガット16条に 3 項と 4 項が追加され，輸出補助金交付回避努力義務が課され（3 項），1958年以降のできるだけ早い時期に輸出補助金交付禁止を約束することとされた（4 項）。ガット16条 4 項に基づき1960年に採択された締約国団の宣言により，宣言受諾国のみ輸出補助金不交付を約束することとなった。この宣言案の文言を検討した作業部会は，輸出補助金の例として，長期的な運用に係る経費及び損失を補てんするためには不十分な料率による輸出信用保証，政府等が輸出信用

に用いる資金を自ら獲得するために実際に払う利率よりも低い利率で提供する輸出信用の供与等の8つを挙げている。

その後，1979年補助金コードでは，一次産品以外について輸出補助金交付禁止義務を課し（9条1項），附属書Iで輸出補助金を例示しそれらの交付を禁止した（9条2項）。

OECDの1978年の公的輸出信用ガイドライン取極を受けて，補助金コード附属書I(k)号では，政府等が輸出信用に用いる資金を自ら獲得するために実際に支払った利率よりも低い利率で輸出信用を供与した場合，政府等が輸出者あるいは金融機関が輸出信用の供与を受けるために負担する費用の全部又は一部を支払った場合等のうち，政府等が相当な利益を与える場合には輸出補助金に当たるとしている。ただし，1978年の取極または当該取極を承継する約束の締約国である場合，当該取極上の利率に関する規定を適用している場合，これらの規定に合致する（in conformity with）輸出信用の供与は輸出補助金とみなされないという例外を規定する。補助金協定附属書I(k)号はこの補助金コードの規定とほぼ同一である。

こうした補助金協定の参照条項は，造船協定等における参照条項のように協定・基準間の抵触を回避しようとする趣旨というよりは，SPS協定等における参照条項と同様に，技術的な性格を有し頻繁に改正される基準の内容を条約で規定すると当該基準改正に伴い条約自体を改正する必要が生じるため，便宜のために当該基準を参照する規定を設ける趣旨であると考えられる。しかし，これらの基準が改正された場合に，これらの改正に合意した一部の国の合意の効力が改正に合意していない国を含む条約締約国全体に及ぶという合意理論上の問題がある。こうした理論的問題は，後述のように実際に生じている。

この例外規定はWTO紛争処理手続で頻繁に争われてきた。パネルは，2つの興味ある判断を下した。第1に，マッチングとマッチングした取引の法的性格についてである。カナダ－航空機履行パネルでは，例外（exception）と逸

脱（derogation）を区別し，例外とはそれ自身取極により予見可能であり，取極による制限内で許容される行為であると解釈した．逸脱とは，それ自身取極によりいかなる状況下においても許容されない行為であると解釈した[42]．このような例外と例外に対するマッチングは OECD 取極の利率規定に「合致」しているが，逸脱と逸脱に対するマッチングは「合致」した輸出信用とは言えないと解釈した[43]．後者は OECD 取極上認められても WTO 協定上は補助金協定附属書Ⅰ(k)号が認める例外に当たらず輸出補助金に当たると解釈した[44]．同パネルは，このような解釈を条約法条約に基づく取極の文言解釈から導き出している．地域航空機に対する輸出信用パネルやブラジル－航空機第2回履行パネルも同様の解釈を取った．第2に，ブラジル－航空機第2回履行パネルは，附属書Ⅰ(k)号につき，「承継する約束」との文言により最新取極を適用すると判断したことである[45]．

　WTO 紛争処理手続においてパネルがこれらの参照条項を通じ取極を「解釈・適用」した．本来マッチングしか執行手続がない紳士協定が WTO 紛争処理手続で「執行」されている．EU は取極は非拘束の紳士協定であると主張したが，履行パネルは補助金協定の規定に基づいて解釈しているとの立場である[46]．もっとも，カナダ－航空機履行パネルは，取極締約国が取極を自らに有利になるよう改正しかねないと危惧している[47]．

　これらのパネルの解釈が OECD での規範形成に影響している．カナダとブラジルの間での WTO での一連の民間航空機に関する補助金紛争を受けて，第1に，ブラジルは OECD 非加盟国でありながらも民間航空機輸出信用セクター了解の改正交渉に参加し，ブラジルを含めた有志国間でセクター了解の規律の拡充が合意されたこと，第2に，2007年ブラジルは同セクター了解の締約国となったこと，第3に，WTO 紛争解決手続においてパネル及び上級委員会がマッチングした取引に対しても附属書Ⅰ(k)号の例外を適用するようマッチング条項が改正されたことである．ブラジルが民間航空機輸出信用セクター了解

改正交渉に参加することを決定したのは，カナダと共通の規制に服する方が得策であるとの目論見があった[48]。また，パネルが例外と逸脱を峻別したことから逸脱という文言が削除され，マッチングが取極の趣旨目的に合致するものであること，他の国際的義務を考慮に入れることが文言に加えられた。締約国がWTO協定と整合的かつ取極の趣旨目的に合致したマッチングを行うことができるとの規定に改正された。

このような改正により，WTO紛争解決手続においては，「承継する約束」との文言により最新取極が適用されることから，マッチングされた取引も取極に合致しており補助金協定上輸出補助金とされないという例外条項が適用される可能性が高まったと考えられる。

Ⅳ　おわりに

先行研究が指摘する従来のOECDの役割は，先進国間での情報交換と政策調整にあり，これらはガット・WTOの交渉促進・合意形成促進に役立った。OECDとガットの間には明確な役割分担が見られた。OECDのガイドライン，勧告，紳士協定等は法的拘束力を欠くが遵守されてきた。これらの役割が消滅したわけではない。しかし，これらに加えて新たな役割が生じている。

第1に，造船協定交渉，鉄鋼協定交渉，新造船協定交渉のように，失敗が相次いでいるにもかかわらずOECDにおいて強力かつ強制的な独自の紛争処理手続を有する協定の締結交渉が行われている。OECDでの交渉が失敗すると，WTOのドーハ開発アジェンダにおいて補助金規律交渉が継続され，それが停滞するとFTAで補助金規律を設けた。

かつては，OECDは非公式，非拘束，先進国間での意見交換の場，ガットは規則制定，紛争処理の場として使い分けられていた。しかし，OECDとWTOあるいはFTAの交渉の場の一体化・連続化が生じている。これらの協定案やFTAは，WTO協定よりもさらに高水準の自由化を目指すものである。

これらの協定案や FTA のいずれも強力かつ強制的な紛争処理手続を有している。しかも，参照条項が設けられ WTO 協定との抵触を回避しようとしている。

このような一体化・連続化の背景は，造船協定交渉については米国の一方的措置による脅しがあった。しかし，鉄鋼協定交渉と新造船協定交渉については，中国やブラジル等の新興国を OECD の加盟国に加えようとする目論見があると考えられる。OECD 非加盟国を交渉に参加させ情報交換や学習過程からはじめて当該協定締結から OECD 加盟までの道のりを歩ませようとしている。すなわち，OECD 拡大という OECD 加盟国の共通利益が見られる。

第 2 に，参照条項が WTO 協定との抵触を回避しようとする所期の役割を果たさず反って一種の緊張関係を生み出している場合がある。参照条項の意義は，協定・基準等間抵触回避あるいは技術的な性格を有し頻繁に改正される基準について条約改正を避ける便宜のためである。しかし，参照される協定・基準等が改正された場合に当該改正に合意していない国も改正の効果が及ぶという合意理論上の問題がある。一方で，造船協定や FTA の参照条項は，WTO 協定との抵触を回避しようとする前者の趣旨であると考えられる。造船協定には将来的に WTO 協定が改正された場合当該改正を造船協定に統合する規定も設けられており，この統合規定も同様の趣旨であると考えられる。造船協定や FTA の締約国は WTO 協定の締約国より少なく，WTO 協定の改正に合意していない国に改正の効力が及ぶ合意理論上の問題が生じにくい。他方で，WTO 協定における参照条項は，技術的な性格を有する頻繁に改正される基準等について条約改正を避ける便宜という後者の趣旨と考えられる。OECD 取極を例にとると，OECD 取極の締約国は WTO 協定締約国より少なく，OECD 取極の改正に合意していない国に改正の効力が及ぶ合意理論上の問題が生じやすい。OECD 取極はこれまで頻繁に改正されてきたが，これまでは合意理論上の問題は顕在化することはなかった。しかし，WTO のパネルによる解釈が

OECD取極の締約国の意図と異なったために，問題が顕在化した。パネルや上級委員会がOECD取極の締約国の意図に沿った解釈をするようにOECD取極は改正された。また，ブラジルが民間航空機輸出信用セクター了解の改正交渉に参加し，改正セクター了解の締約国になった。ブラジルはOECD取極締約国ではないものの一定の範囲でOECD拡大が現実のものとなった。WTOの紛争処理手続の司法化により生まれた緊張関係が，翻ってOECDでの規範形成に影響を与えOECD取極やセクター了解の改正あるいは締約国の増加という新たな循環を生み出している。

1) 村田良平『OECD（経済協力開発機構）：世界最大のシンクタンク』（中央公論新社，2000年）48頁。
2) 同上，55頁。
3) 同上，50頁。
4) 例えば輸出信用については，Andrew M. Moravcsik, " Disciplining Trade Fnance: the OECD. Export Credit Arrangement", *International Organization*, 43-1 (1989).参照。
5) Hervé Ascensio, "Les Normes Produites À l'OCDE et les Formes de Normativité", SFDI, *Extrait de l'ouvrage le pouvoir normatif de l'OCDE*, (A. Pedone, 2014), pp.25-53.
6) 紙幅の都合で本稿は投資分野を除く。従来貿易と投資は別問題として扱われてきた。資本移動自由化コードは法的拘束力を有するものの紛争処理手続は単純で実際に機能するか不透明である。コードに対する違反はOECDに申立でき，違反国に対しOECDが適当な指示を行うことができる。また，理事会が有権的解釈を行うことができるが，いずれも全会一致に基づく。違反国が違反を認める可能性は低く全会一致の意思決定は困難である。国際裁判を含めた強力かつ強制的な紛争処理手続を有する外国人財産保護条約案が1960年代に検討されたが結局交渉は失敗した。米国が主導した1990年代の多角的投資協定（MAI）案も同様に交渉は失敗した（小寺彰「多数国間投資協定（MAI）——投資自由化体制の意義と課題——」『日本国際経済法学会年報』7号（1998年），相樂希美「国際投資協定の発展に関する歴史的考察：WTO投資協定合意可能性と途上国関心事項の視点から」（RIETI Discussion Paper Series 04-J-023），2004年等参照）。貿易でも投資でも1990年代に強力かつ強制的な紛争処理手続を有する法的拘束力のある協定がOECDで交渉されていたことは興味深い。
7) 例えば，WTOのシアトル閣僚会議に向けラウンド交渉開始を促した1999年の第38回OECD閣僚理事会コミュニケ，ドーハ閣僚会議に向けた2001年の第40回OECD閣僚理事会コミュニケ等がある。
8) 保護主義的措置監視体制について詳しくは，川瀬剛志『世界金融危機下の国家援助と

WTO 補助金規律』（RIETI ディスカッション・ペーパー 11-J-065）を参照。
9) Final Communiqué adopted by OECD Council Meeting at Ministerial Level 15-16 May 2002, paras.16-7.
10) 川瀬「前掲論文」（注8）4頁。
11) 日本は OECD 加盟を急ぐ理由として関税交渉の下交渉に参加することを挙げていた（外務省経済局経済統合課編『OECD 加盟と日本』（外務省，1963年）19頁。河合俊三『OECD の話』（日本経済新聞社，1967年）40頁。他にも，一般特恵制度，多角的セーフガード，農産物交渉等について OECD における意見交換がガットの合意形成に役立ったと指摘される（日本経済新聞社編『国際ラウンドのすべて：日本の貿易にどう響くか』（日本経済新聞社，1973年）75, 186-188頁参照）。
12) 日本経済新聞社編『前掲書』（注11）22-23頁。津久井茂充『ガットの全貌：コンメンタール・ガット』（日本関税協会，1993年）770頁。
13) 村田『前掲書』（注1）123-128頁。
14) 風木淳「経済連携協定と WTO 協定を巡る通商ルールと産業競争力──『公的補助・産業補助金』の最近の動向と今後──」『日本国際経済法学会年報』23号（2014年）75-76頁。
15) 外務省経済局経済統合課編『OECD の手引き』（日本国際問題研究所，1964年）26頁。
16) 津久井『前掲書』（注12）770-784頁。
17) 1971年6月の OECD 閣僚理事会により設置され報告書を公表した。委員長の名を冠し「レイ・レポート」と呼ばれる。日本語訳は，萩原徹，吉崎英男訳『世界経済とこれからの通商政策』（日本経済新聞社，1972年）参照。
18) William J. Drake, Kalypso Nicolaidis, "Ideas, Interests, and Institutionalization: "Trade in Services" and the Uruguay Round", *International Organization*, 46-1 (1992), p.38.
19) Robert Wolfe, "The OECD Contribution to the Evolution of Twenty-First Century Trade Law", *The George Washington International law Review*, 43-2(2011), p.285., Robert Wolfe, "From Reconstructing Europe to Constructing Globalization: The OECD in Historical Perspective", Rianne Mahon and Stephen McBride (eds.), *The OECD and Transnational Governance* (University of Washington Press , 2009), p.37.
20) Robert Wolfe, *supra* note 19, pp.285-286., William J. Drake, Kalypso Nicolaidis, *supra* note 18, p.38.
21) William J. Drake, Kalypso Nicolaidis, *supra* note 18, p.85.
22) 山下一仁『国民と消費者重視の農政改革』（東洋経済新報社，2004年）104-105頁。
23) 野村健「『経済の政治化』について── OECD 鉄鋼委員会成立の背景──」『一橋論叢』90巻1号（1983年）25頁。
24) 前注4参照。
25) OECD による輸出信用規制の歴史について詳しくは，Janet West, "Export Credits and the OECD", *Smart Rules for Fair Trade: 50 Years of Export Credits* (OECD, 2011), pp.21-35. 参照。

26) 最低プレミアム料率の他に最長返済期間等に対するマッチングがある (Panel Report, *Canada - Measures Affecting the Export of Civilian Aircraft*, Recourse by Brazil to Article 21.5 of the DSU, WTO document WT/DS70/RW, paras.5.124-5.126)。
27) 森雅人「『造船協定』と米国造船業の関わり合い」『船の科学』53巻2号 (2000年) 59頁。
28) 同上, 60-61頁。
29) 高木義明議員の質問に対する齋木昭隆説明員の回答。衆議院運輸委員会議録10号 (平成8年5月14日) 5頁。
30) 日本の場合は貨物の積み下ろしの禁止措置を予定していた。衆議院運輸委員会議録10号 (平成8年5月14日) 8頁。
31) 米国は, 鉄鋼交渉の動向をWTOに報告していた (例えばSubmission by the United States, WTO documents TN/RL/W/24. 及びSubmission by the United States, WTO documents TN/RL/W/49. 参照)。
32) 本稿では鉄鋼協定案としてOECD Special Meeting at High-Level on Steel Issues, *Steel Agreement Issues*, OECD Document SG/STEEL(2004)3 dated 23 April 2004. 及びWorking Paper 75 dated [] April 2004. を分析する。
33) *Steel Agreement Issues, supra* note 32, p.2.
34) Formal OECD Steel Talks Suspended, Talks to Continue Informally, *Inside US Trade*, dated 2 July 2004.
35) 外務省ホームページ 造船部会 at http://www.mofa.go.jp/mofaj/gaiko/oecd/data_cwp6.html (as of April 22, 2015)。新造船協定は, ①公的助成措置禁止, ②加害的ダンピング禁止, ③紛争処理手続から成るとされている。
36) Communication from the United States, *Basic Concepts and Principles of the Trade Remedy Rules*, WTO document TN/RL/W/27., Communication from the United States, *Subsidies Disciplines Requiring Clarification and Improvement*, TN/RL/W/78. 風木「前掲論文」(注14) 62-63頁。
37) Anna Jarosz-Friis, Nicola Pesaresi and Clemens Kerle, "EU-Korea FTA: a Stepping Stone towards Better Subsidies' Control at the International Level", *Competition Policy Newsletter* (European Commission, 2010).
38) Panel Report, *Korea - Measures Affecting Trade in Commercial Vessels*, WTO document WT/DS273/R, 7.515.
39) *Ibid.*, paras.7.677-7.680, 7.693-7.695.
40) また, FTAかWTOの紛争処理手続のいずれか一方にのみ付託することとされ (14.19条2項), 一定の抵触回避が図られている。
41) Report of the Working Party on Subsidies, Contracting Parties Seventeenth Session, GATT document L/1381.
42) WTO document WT/DS70/RW, *supra* note 26, paras.5.124-5.126.
43) *Ibid.*, para.5.117.
44) *Ibid.*, para.5.126.

45) Panel Report, *Brazil - Export Financing Programme for Aircraft - Second Recourse by Canada to Article 21.5 of the DSU*, WTO document WT/DS46/RW2, para.5.83.
46) *Ibid.*, para.5.115.
47) WTO document WT/DS70/RW, *supra* note 26, para.5.132.
48) Jean Le Cocguic, """Rules for Aircraft Financing: The 2007 and 2011 Agreements"", *Smart Rules for Fair Trade: 50 Years of Export Credits, supra* note 25, p.187.
49) Dominic Coppens, *WTO Disciplines on Subsidies and Countervailing Measures: Balancing Policy Space and Legal Constraints* (Cambridge University Press, 2014), p. 355.

(近畿大学経済学部准教授)

論　説　地域経済統合と法の統一

座長コメント

髙 杉　　直

　「WTO が貿易自由化交渉の場としては機能不全に陥る中，現代の国際通商のルール形成の舞台は，二国間の，あるいは地域的な自由貿易協定（FTA），経済連携協定（EPA）に移っている。では，地域的な枠組みにより貿易・投資の自由化を図る国際公法上の動きは，商取引法全般に対してはどのような影響をもたらすのだろうか。私法統一の意義の説明としてしばしば語られるように，国によって法が異なる状況が国際的な取引の障害となりうるのであれが，地域的な経済連携の時代には，通商ルールの調和に止まらず，より広い分野で地域的な法の統一が模索されてもおかしくないのではないか」。これが，本分科会の企画趣旨であった。

　本分科会では，経済統合組織が存する 3 つの地域として，EU，ラテンアメリカおよびアフリカが取り上げられ，それぞれ，角田美穂子教授（一橋大学），諏佐マリ准教授（熊本大学）および小塚荘一郎教授（学習院大学）による報告がなされた。

　まず，角田教授の報告「EU における契約法の統一」では，「欧州共通売買法」（CESL: Common European Sales Law）が取り上げられ，EU における契約法の統一に関する最新の動向が紹介・検討された。第 1 に，欧州連合運営条約（TFEU）の中には契約法に関する EU の権限を認める規定が見当たらないことを指摘した上で，消費者法の分野では「指令」の形式で最低限度の消費者保護に関する法調和が進められてきたこと，国際私法の分野でも「契約債務の準

拠法に関する条約」とそれを現代化・EU 規則化したローマ I 規則によって法統一が実現していることが説明された。第2に，欧州委員会による2011年のCESL 草案の公表に至るまでの，EU における契約法一般の法統一に関する経緯が紹介されるとともに，消費者法全体の進展とそこにおける電子契約ルールの重視の流れが解説された。第3に，このような流れの中に位置づけられるCESL について，その立法形式（当事者が選択可能な規則）と EU の立法権限に関する議論が紹介されるとともに，CESL の適用範囲に関する詳細な検討がなされた。

　本報告に基づく論説は，報告者の意向に基づき本誌には掲載されていないが，当日の報告からは，CESL の背景・内容・問題点についての最新の動向を知ることができ，きわめて貴重な機会であった。なお，本報告の後，EU 理事会による支持を得られなかったとして，欧州委員会は，CESL 提案を撤回した。今後，CESL は，その対象をデジタル商品に関する消費者取引に限定し，立法形式や適用範囲についても変更がなされた上で，2015年末頃に再提案がなされる予定のようである。

　次に，諏佐准教授の報告「ラテンアメリカ地域における経済統合と競争法の調和」では，第1に，地域経済統合の枠組の中で競争法関連規定を有する3つのラテンアメリカの地域ブロックである，「アンデス共同体」（CAN），「カリブ共同体」（CARICOM）および「南米南部共同市場」（MERCOSUR）のそれぞれについて，競争法関連規定の詳細な紹介がなされた。地域統合協定の場合には当事国の数が多いこともあって執行の困難があることを指摘した上で，第2に，より内容に工夫が盛り込まれた2国間自由貿易協定における競争法関連規定と近時増えつつある競争法執行当局間の協力協定等について，詳細な考察がなされた。これらの検討を前提に，第3に，今後の課題として，競争法の分野の紛争にも適用可能な紛争解決の仕組みがつくられるべきであることを指摘する。

　ラテンアメリカ地域の法情報については，日本語での紹介が少ないこともあ

り，法情報の入手自体が困難である中，諏佐論文は，ラテンアメリカ諸国の競争法について一覧が可能な情報を提供しており，今後のラテンアメリカ法の研究にとってきわめて有意義で貴重な論稿となろう。

　最後に，小塚教授の報告「アフリカにおける経済統合と私法統一」では，曽野裕夫教授（北海道大学）との共同研究に基づき，アフリカ全体の地域統合組織の現状についての解説をした上で，商事法の統一それ自体を目的とした国際組織である「アフリカ商事法調和化機構」(OHADA) について，その組織や統一法の作成手順などを含む詳細な紹介がなされた。その上で，OHADA 統一契約法についての考察がなされた。

　アフリカ地域の法研究自体がいわば「未開発」ともいえるわが国の現状において，小塚＝曽野論文は，きわめて有意義で貴重な論稿となろう。特に同論文の「まとめ」で示された分析は示唆に富む。なお，本誌掲載の論説は，紙幅の制約から，その当初の内容を大幅に縮減されたものである。小塚教授は，曽野教授を代表者とする私法統一に関する研究グループにおいて，アフリカの地域的法統一に関する研究を継続されており，今回の当初の論説から削除された部分である，OHADA 統一契約法に関する動向や東アフリカ共同体（EAC）の詳細な内容などをも含め，今後の研究成果の公表が注目される。

　以上の通り，本分科会では，EU，ラテンアメリカおよびアフリカの 3 地域における法統一の状況が詳細に説明・検討された。これら 3 地域と比べると，アジア地域における法調和に向けた政府レベルでの活動は，必ずしも活発ではないように見受けられる。地域経済統合の進展度合いが，これら 3 地域ほど深くないことが，その理由かもしれない。しかし，近時，アジア地域においても経済統合が徐々に進みつつある。それに応じて，学術界においても，アジア地域での法調和を目指す研究が活発になっている。これらの学術研究においても，EU，ラテンアメリカ，アフリカなどの先行研究が参考となる。その意味で，本分科会で地域経済統合と法の統一をテーマとして取り上げたことは，時宜を

得たものであり，研究企画委員会の慧眼に敬意を表するとともに，有意義な報告をしていただいた報告者に対して謝意を表したい。

(同志社大学法学部教授)

論　説　　地域経済統合と法の統一

ラテンアメリカ地域における経済統合と競争法の調和

諏 佐 マ リ

Ⅰ　はじめに
Ⅱ　各地域統合枠組において具体化された競争法関連規定の概観
　1　アンデス共同体（Comunidad Andina: CAN）
　2　カリブ共同体（Caribbean Community: CARICOM）
　3　南米南部共同市場（Mercado Común del Sur: MERCOSUR）
Ⅲ　2国間自由貿易協定および競争法執行当局間の協力協定等
　1　2国間自由貿易協定における競争法関連規定
　2　競争法執行当局間の協力協定等
Ⅳ　ラテンアメリカ地域における競争法の整備状況
Ⅴ　おわりに

Ⅰ　はじめに

　地域貿易協定は，1990年代初頭から，その数および重要性において飛躍的に増大したといわれている[1]。そのなかで，世界貿易機関（WTO）における競争法に関する国際的な枠組形成の動きが頓挫したあと，競争法関連規定を含む地域貿易協定の締結が広まったともいわれている[2]。ラテンアメリカ地域（カリブ海地域を含む）は，南米南部共同市場（MERCOSUR）の登場（1991年），アンデス共同体（CAN）や中米統合機構（SICA）の再統合（1991年）により，1990年代に地域統合の先進地域として注目された[3]。しかしながら，それらのその後の経済統合は順調に進んでいるとはいえない。2000年代に入ってからは，カリブ共同体（CARICOM）の単一市場・経済（CARICOM Single Market and Economy）への動きが始まり（2001年），最近では太平洋同盟（Alianza del Pacífico）が設立

されるなど（2012年），新たな経済統合の動きも出てきている。上記の地域経済統合の枠組の中で，競争法（独占禁止法）に関係する具体的な規定を含んでいるのは，アンデス共同体（CAN），カリブ共同体（CARICOM）および南米南部共同市場（MERCOSUR）である。[4]

　これら3つの地域ブロックは，EU競争法の成功にかんがみて，それをモデルとして各地域で競争法関連規定を整備したものの，[5]現在までのところ，いずれにおいても効果的な法執行はみられず，実績を示すことはできていない。もっとも，それぞれの競争法関連規定が整えられたのは，次に述べるように，2000年代に入ってからであり，とりわけ，3地域とも基本的には途上国から構成されているという事情に鑑みると，その十分な評価ができるまでには至っていないともいえる。当該規定の制定年順にいえば，南米南部共同市場（MERCOSUR）の枠組の中で，競争維持の仕組みが具体化されたのは，いわゆるフォルタレーザ議定書（1996年）である。しかし，これは廃止されて，2010年に制定され2015年現在未発効の「南米南部共同市場（MERCOSUR）の競争維持に関する取決め」に代わっている。アンデス共同体（CAN）の場合は，同共同体の委員会決定608号（2005年）であり，カリブ共同体（CARICOM）の場合は，改訂チャグアラマス条約8章（2001年，2006年発効）である。それぞれの競争法関連規定は，上記のようにEU競争法を範としながらも，その内容は異なっている。そこで，それぞれの内容を紹介したうえで，少なくともこれまでの法執行がほぼないという状況につながるような問題がどこにあるのか，今後の課題はどこにあるのかを検討する。

　上述のように3つの地域経済統合枠組における競争法関連規定の効果的執行は未だ不十分であるものの，一般に地域経済統合の枠組で期待される加盟国の競争法制定促進機能は発揮されており，ラテンアメリカ地域では，ほとんどの国が競争法制を有するようになっている。ところが，各国の競争法は，実体面においても手続面においても，その内容は統一的ではなく，国境を越える反競

争的行為に対する異なる競争法による対応の問題は,現在は,2国間自由貿易協定あるいは競争法執行当局間の協力協定等にもとづく取組が模索されている状況にある。そうした動きの一部を紹介しながら,ラテンアメリカ地域において,競争法の統一が必要か,あるいは競争法の調和が望ましいかを考える。

II 各地域統合枠組において具体化された競争法関連規定の概観

1 アンデス共同体（Comunidad Andina: CAN）

アンデス共同体（CAN）は,1969年に創設されたアンデス地域統合（カルタヘナ協定）を発展的に改組する形で,1996年に設立された（トルヒーリョ議定書）。現在の加盟国は,ボリビア,コロンビア,エクアドルおよびペルーの4ヶ国である。カルタヘナ協定93条は,アンデス共同体委員会が,1971年末までに,域内の競争を歪めうるような行為を防止するために必要なルールを採択することを定めており,これを受けて委員会決定45号（1971年）,委員会決定230号（1987年）,委員会決定285号（1991年）が採択されてきたが,禁止行為,その判断基準および制裁的措置についての規定が十分でない等の問題が指摘され,それらを改善するものとして,現在では,委員会決定608号（2005年）が採択されている。

同決定では,禁止行為の規定が整備され,域内の複数の加盟国に反競争効果を及ぼすカルテルや談合等の競争制限的な行為および市場支配的地位の濫用行為の禁止が定められているが（7条および8条に定める行為を4条で禁止,適用範囲については5条）,競争制限的な合併等を規制する規定は含まれていない。違反行為に対する制裁的措置の内容は強化され,違反行為の即時停止に加えて,是正措置や制裁金の支払を違反行為者に対して命ずることができるようになっている（34条）。しかしながら,そもそも,違反行為についての調査を行うかどうかや（10条）,違反行為の認定（22条）,違反行為者に対する制裁的措置（34条）の決定は,アンデス共同体事務局（Secretaría General）が行うこととされて

おり，その中に専門的な執行部局は設置されていない。アンデス自由競争保護委員会（Comité Andino de Defensa de la Libre Competencia）という，加盟国競争当局の代表から構成される委員会を創設することが定められてはいるものの（38条），同委員会は調査結果と適用免除についての意見を出すことができるにすぎず（21条・22条・6条），上述（注7）のようなアンデス共同体自体の存続の危機的な状況と相まって，当該委員会の活動実績は示されていないという。[9]
なお，違反行為についての手続の各局面で決定権限を有しているのは，上記のとおり，アンデス共同体事務局であるが，違反行為の調査の実施も制裁的措置の執行も，実際的な手続は関係する加盟国競争当局が行う（15条・35条）こととされており，[10] 地域レベルの競争法の実現は，とくにボリビアやエクアドルのような，国内の競争法制度が十分とは言えない加盟国を抱える中で，加盟国競争当局に依存する仕組みとなっている。

同決定は，加盟国が，その各競争当局が情報および経験の交換，技術的研修，決定例や行政指針を蓄積することを通じて，自由競争を維持する共通の仕組みを強化することに努めるよう定めているが（37条），これが努力義務規定にすぎないものであっても，加盟国競争当局がわずかずつでもそうした試みを始めていたのであれば，加盟国であるコロンビアおよびペルーにも及んだ，後述する医療用酸素カルテル事件への対応が，若干でも異なり得たかもしれない。

2 カリブ共同体（Caribbean Community: CARICOM）

かつては多くが英領であったカリブ諸国では，まだ英国の領土の一部であった時代に，各地域の規模が極めて小さいことから西インド諸島連邦（West Indies Federation）としての地域統合が提案されたことがあったが（1958年），その試みは失敗し（1962年），1963年のジャマイカの独立を皮切りに各国が独立した。[11] 独立した各国家は，カリブ自由貿易連盟（Caribbean Free Trade Association: CARIFTA）を創設し，それを発展させる形で，当初はバルバドス，

ガイアナ、ジャマイカおよびトリニダード・トバゴの4ヶ国により、1973年にカリブ共同体（CARICOM）が設立された（チャグアラマス条約）。1981年には、同年設立された東カリブ諸国機構（Organisation of Eastern Caribbean States: OECS）の加入、その後ベリーズ、スリナム、バハマおよびハイチの加入があり、2001年には、カリブ共同体単一市場・経済（CARICOM Single Market and Economy: CSME）体制が導入された（改訂チャグアラマス条約）[13]。

改訂チャグアラマス条約（2006年発効）は、その8章1節（168条から183条）に競争法関連規定をおいている。なお、カリブ共同体（CARICOM）内の小区域としての東カリブ諸国機構（OECS）は、改訂バステール条約（2010年）の4条2項(k)および東カリブ経済同盟議定書の3条(1)に基づき、競争法執行当局に関する共同行動および共同政策・共通の競争政策の達成を目標とすることを定めている[14]。

まず、改訂チャグアラマス条約では、加盟国の競争法制定義務および競争法執行当局設置義務が定められており（170条1項・2項）、各加盟国では、既に競争法制を有していたジャマイカ等を除いて、2003年に承認されたカリコム・モデル競争法（CARICOM Model Competition Bill）をひな型にして法整備が進められている[15]。加盟国が各管轄権内で禁止すべき反競争的行為としては、共同体域内の競争を制限する目的または効果を有する事業者間の合意や協調的行為および支配的地位の濫用行為の禁止が、標準として定められている（177条1項・2項）。競争制限的な合併等の規制は導入されていないが、その導入のための規則整備が提案されている。

違反行為に対する制裁的措置としては、合意等の無効、違反行為の停止、補償金や制裁金の支払等が予定されているが（174条4項）、上述したアンデス共同体（CAN）の場合と同様に、制裁的措置の実現は、加盟国競争当局に委ねられている（174条6項）。もっとも、アンデス共同体（CAN）とは異なり、カリブ共同体（CARICOM）には、競争委員会（CARICOM Competition Commission）

という専門的な機関が設置されている（171条）。同委員会は，スリナムの首都であるパラマリボに設置され，2008年1月半ばから活動を開始している。同委員会は，域内の反競争的行為に対する法適用を行い，地域競争政策の実現のための調整を図って域内の競争を促進するもの等とされているが（173条），同委員会は，常に最終的な決定権限を有するわけではなく，例えば，加盟国競争当局と違反行為の調査結果についての見解が相違する場合には，政治的な性格を有する貿易経済開発閣僚理事会（Council for Trade and Economic Development: COTED）が判断して決定を行うこととされ（176条5項），その独立性は必ずしも十分とはいえない。カリコム競争委員会は，加盟国競争当局へ依頼して，または自らも違反行為の調査を行うことができ（176条1項・3項），上記のような見解の相違が現れない場合には，違反行為を認定し，違反者に対する制裁的な措置も決定する（175条9項）。その制裁的措置の決定に不服がある当事者は，当該決定の見直しをカリブ司法裁判所に求めることができる（175条12項）。[17]

　カリブ共同体（CARICOM）には，全体的に，植民地時代の遺産としての，少数への富の集中という状態が残っており，特権階級の者が占める高度集中市場の存在，その一方での貧困の悪化，極小規模の経済という問題があるため，各加盟国の既得権益からの影響を受けにくく，加盟国が共同で人および予算の手当ができる中央執行機関（カリコム競争委員会）によって，市場支配的地位の濫用行為の規制と競争制限的な合併等の規制が行われることが重要であると指摘されている。[18]

3　南米南部共同市場（Mercado Común del Sur: MERCOSUR）

　1991年にアスンシオン条約に基づき，アルゼンチン，ブラジル，パラグアイおよびウルグアイによって設立された南米南部共同市場（MERCOSUR）には，その後ベネズエラが加盟し，さらにボリビアが加盟手続中となっている。アスンシオン条約4条は，競争に関する共通規定を構想するために加盟国が政策調

整を行うことを定めており，1994年には，競争を維持するために，共通規定の対象とすべき行為についての基本的な規準が示された（共同市場理事会決定21号）。その後具体化された競争に関する共通規定として，いわゆるフォルタレーザ議定書（共同市場理事会決定18号/1996年）が作成された。これは，現在は廃止されて，共同市場理事会決定第43号（2010年）の南米南部共同市場（MERCOSUR）の競争維持に関する取決めに代わっている。もっとも同決定は，それに附属する「南米南部共同市場（MERCOSUR）の競争維持に関する取決め」の条文を承認し，フォルタレーザ議定書およびその附属書の廃止を決定するとしている部分は有効であるが，「南米南部共同市場（MERCOSUR）の競争維持に関する取決め」自体は，発効の要件としての各国の批准が済んでおらず（2015年4月現在で批准済みであるのはアルゼンチンとウルグアイである），未発効である。[19] したがって，現在南米南部共同市場（MERCOSUR）における有効な競争法関連規定として言及できるのは，加盟国競争当局間の協力について定めている，共同市場理事会決定4号（2004年）および15号（2006年）ということになるが，これを発展させたものが，「南米南部共同市場（MERCOSUR）の競争維持に関する取決め」であり，その前身であるフォルタレーザ議定書のどのような問題点ゆえに，これが廃止されることになったのかを把握しておくことも必要であると思われるので，以下では，両者の概要について紹介する。

　フォルタレーザ議定書が定める禁止行為は，加盟国間の貿易に影響を及ぼし，南米南部共同市場（MERCOSUR）域内において，競争制限の目的または効果を有する事業者間の合意や協調的行為，市場支配的地位の濫用行為であり（4条・6条），また，南米南部共同市場（MERCOSUR）域内において反競争的効果を生じうる合併等の行為の規制については，2年以内に取り入れることとされていた（7条）。違反行為に対しては，その停止命令や，入札参加禁止措置，制裁金の賦課等が，関係する加盟国競争当局によって実現されるとされていた（27条・28条）。加盟国競争当局以外に，南米南部共同市場レベルの競争当局と

しては，国内当局の代表による政府間組織である競争保護委員会（Comité de Defensa de la Competencia）と南米南部共同市場貿易委員会（Comisión de Comercio del MERCOSUR）の設置が予定されたが（8条），既存の貿易委員会はともかく，競争保護委員会は，結局は設置されずにおわり[20]，その代わりを貿易委員会の下に設置されていた競争保護第5専門委員会（Comité Técnico de Defensa de la Competencia: CT N°5）が担った。なお，形式的には競争保護委員会の判断は，ほとんど常に貿易委員会の裏書きを必要としており，最終決定を行うのは，貿易委員会であった。また，これらの委員会の決定方式はコンセンサス方式であり，競争保護委員会がその判断についてコンセンサスに達しない場合には，貿易委員会に送られ，貿易委員会でもコンセンサスに達しない場合には，さらに共同市場グループ（Grupo Mercado Común）に手続が上げられ，そこでもコンセンサスが得られなければ，利害関係国がブラジリア議定書（現在では，オリーボス議定書に取って代わっている）に規定される紛争解決手続に委ねることとされていた（19条・20条・21条）。紛争解決手続は，議定書の規定の一般的な解釈，適用をめぐる意見の相違に利用可能とされており（31条），これは他の地域貿易協定には見られないものであった。

　以上のように独立した中央執行機関を欠き，執行体制が複雑であるフォルタレーザ議定書については，2004年に貿易委員会がその改定を求め，見直しのための議論が始まった[21]。同議定書の立案に影響を及ぼしたとされるブラジル[22]は，早速以下の4点について提案を示した。第1に，貿易阻害要件を重要視しないようにすること，第2に競争保護委員会を諮問機関にすること，第3に国境を越えて行われる合併や反競争的行為に対しては，可能であれば，加盟国競争当局が域外調査を実施できるように協力関係を強化すること，最後に，加盟国競争当局間の協力について定めている，共同市場理事会決定4号（2004年）等に規定されているような技術的支援の仕組みを取り入れることであった[23]。

　当時の4ヶ国の加盟国中，競争法を有しているのがアルゼンチンおよびブラ

ジルだけであったという南米南部共同市場（MERCOSUR）地域の状況では，まず加盟国競争当局間の協力協定に焦点を絞るべきであり，それを通じて，既に競争法執行体制がある国は相互に協力しあい，同時に，未だ競争法をもっていない国への技術的支援を行えるようにすることが第1歩であるということが主張された。こうした声を受けて，2010年に決定された，上述の南米南部共同市場（MERCOSUR）の競争維持に関する取決め（共同市場理事会決定第43号）は，禁止行為や競争法執行当局は，各加盟国の競争法に規定されているものであるとして（2条），フォルタレーザ議定書のような共通の競争法規定や中央執行機関の設置を定めず，加盟国競争当局間の協力および調整，ならびに相互支援を軸とする（1条）ものに変更された。なお，加盟国競争当局は，自国内で発生した行為および他国で発生し，自国内に効果が生じている行為の管轄権を有するものとされている（3条）。貿易委員会の傘下にある競争保護専門第5委員会（第5専門委員会：CT N°5）は，南米南部共同市場（MERCOSUR）の一定の競争当局として正式にその存在が認められるようになったが（4条），その役割は専ら，後述する通報の中継（23条）および紛争解決手続におけるものである（28条）。

　加盟国競争当局は，事前の通報の有無にかかわらず，この取決めに関係する事項について，附属書の様式に則って他の加盟国競争当局に協議を求めることができる（6条）。また，加盟国競争当局は，他の加盟国競争当局に対して法執行の調整をを求めることができ（14条），技術的支援や情報交換に共同してあたるとされている（16条）。情報交換の内容については，各国の法律や事例判断を示す文書，市場調査の報告書，法適用に関する情報，経験などが挙げられている（18条・19条）。さらには，加盟国競争当局は，関係する具体的な事件についての情報および資料を，その要請に基づいて他の加盟国競争当局に与えるために最善の努力をしなければならない，とする踏み込んだ内容の規定が設けられている（17条）。南米南部共同市場（MERCOSUR）の競争法関連規定に

特有であった紛争解決手続は，そのかたちは変わってしまったものの，加盟国競争当局間に取決めの解釈または執行について意見の相違がある場合には，競争保護専門第5委員会の場で交渉し，それでも解決しない場合には貿易委員会にかかるとする内容で残されている（28条）。

Ⅲ 2国間自由貿易協定および競争法執行当局間の協力協定等

地域貿易協定は，広義では2国間の自由貿易協定を含むものであるが，上記で検討してきた3つの地域統合枠組は，一定の近接した広がりを有する地域の経済統合協定であった。こうした地域統合協定は，その目的が達成される場合には，大きな効果が幅広くもたらされることが期待されるが，その一方で，関係する当事国の数が多いために，設立の段階から執行の段階にいたるまで，困難も多いともいえる。そうした地域統合協定よりは，交渉当事国の数が少ない，2国間のものを中心とする自由貿易協定は，それゆえにその内容に工夫が盛り込まれている場合もある。以下では，ラテンアメリカ地域に少なくとも一方当事者がある2国間自由貿易協定における競争法関連規定の内容を簡単に紹介したうえで，さらに，国家間ではなく，競争法執行当局間で結ばれることが近時増えてきた当局間協力協定等の内容も同様に検討する。[24]

1　2国間自由貿易協定における競争法関連規定

一般に，多くの2国間自由貿易協定の競争法関連規定に，競争法制定および執行当局設置の義務や，また透明性確保，無差別取扱，適正手続の保障等といった基本原則が盛り込まれている。競争法の制定を義務づける協定であって当事者の一方が先進国であり，もう一方がラテンアメリカ地域の途上国である場合，途上国側に期限付きで当該義務づけを定める協定は，この地域での競争法制定を促進することにつながっている。たとえば，カリブ海地域フォーラム（CARIFORUM）諸国と欧州共同体との経済連携協定（2008年）では，同協定発

効後5年以内に，カリブ海地域フォーラム（CARIFORUM）諸国が競争法を制定することおよび競争法執行当局を設置することとされている（127条1項）。そのうえで，そうした義務がはたされた場合には，当局間協力に関する規定（128条）も有効になるとされている。前述したカリブ共同体（CARICOM）の改訂チャグアラマス条約（170条）に基づく競争法制定義務や執行当局設置義務には，期限が付されていないことから，こうした経済連携協定の条項が，競争法制の早期の整備を促すことになる。また，中米と欧州連合の協定（2012年）でも同様に7年以内や3年以内といった期限が設けられている（279条）。

　自由貿易協定に含まれる，その他の競争法関連条項としては，執行当局の協議，情報交換（秘密情報を含むまたは含まない），技術的支援，通報等がある。珍しいことに，秘密情報の交換を含めた情報交換について定めているのは，チリとペルーとの自由貿易協定（2006年）である（8.8条3項）。また，技術的支援について詳細に定めたものとして，カリブ海地域フォーラム（CARIFORUM）諸国と欧州共同体との経済連携協定（2008年）は，両当事者が，カリブ海地域フォーラム（CARIFORUM）競争当局の効果的な機能発揮のために，行政指針やマニュアルおよび必要に応じて立法案の作成のために，独立した専門家を提供するために，そして，競争政策の執行に関わる主要な職員に研修を提供するために協力することに合意するとしている（130条）。

　ほとんどの自由貿易協定が，競争法関連規定にかかる紛争解決手続の利用を認めていないが，当該手続ではないものの，一定の監督機関のようなものの設置を定める規定もある。チリとペルーとの自由貿易協定（2006年）は，当事国の代表者から構成される作業部会を設置して，とくに競争当局間の協力体制の強化に関する競争法関連規定の遵守状況を確認するようにさせている（8.4条3項）。さらに珍しい内容を含むものとしては，他方当事国の域内で反競争的効果が生じている自国の輸出カルテルについては，自国法を適用することを定めたもの（チリとペルーとの自由貿易協定8.2条7項），同様に，自国内に端を発する

反競争的行為が，他方当事国の域内で効果を生じさせているときに，緊密な協力のもとに，自国法を適用して規制を行うことを定めているものがある（同協定8.5条）。

2 競争法執行当局間の協力協定等

競争当局間の協力協定等[25]においても，上記の自由貿易協定の規定ぶりがそう変わるわけではなく，協議，情報交換，執行調整，技術的支援，通報（国際礼譲を含む）について定められることが多い[26]。特徴的な規定をいくつか示すと，例えば，一方当事者の競争当局の職員が，競争法に関する調査のために，他方当事者の領域を訪れることが，その旨の通報とそれに対する同意があれば認められるとされている（アルゼンチンとブラジルの競争当局間の協力協定（2003年）2条3項，およびチリとブラジルの競争当局間の協力協定（2008年）2条1項e））。また，他方当事者の領域内に存在する情報の調査を通報制のもとに認めたり（アルゼンチンとブラジルの競争当局間の協力協定（2003年）2条2項e），チリとメキシコの競争当局間の協力協定（2004年）2条2項e），チリとエクアドルの競争当局間の協力協定（2012年）2条3項e）），他方当事者の領域内に存在する証拠の場所の特定，取得およびすべての公の情報の提供が容易となるように，他方当事者を事前の要請に基づいて支援することを認めているものもある（ホンジュラスとコスタリカの競争当局間の協力協定（2009年）5条2項a），およびニカラグアとコスタリカの競争当局間の協力協定（2010年）5条2項a））[27]。

以上のような特徴的な規定の利用を含め，協力協定等や自由貿易協定に基づく協力が，ラテンアメリカ地域における競争法執行当局によって実際どの程度行われているのか，その個別の状況は明らかになっていない[28]。最近では，スイスのNestle社が同じスイスのPfizer社の乳児用人工乳事業の買収を計画した案件において，チリ，コロンビアおよびメキシコの競争法執行当局が協力して分析にあたったことが国際競争ネットワーク（International Competition

Network: ICN)の場で報告されている[29]。

　近年は，この国際競争ネットワーク（ICN[30]）の場を通じた非公式協力が活発になっているとされるが[31]，ラテンアメリカ地域のような途上国は，途上国なりの自分たちのためのネットワークをつくることも必要といえる[32]。実際に，7カ国（アルゼンチン・ブラジル・チリ・コロンビア・メキシコ・パナマ・ペルー）が舞台となった同様の多国籍企業による医療用酸素カルテル事件（国際カルテルではなく，各国内でのカルテル事件である）において，当局間の協力が全く行われなかったことの問題指摘を契機として[33]，ペルーの競争当局が，南米競争当局フォーラム（South American Forum of Competition Agencies）の設置を提言している（2013年）[34]。前述したアンデス共同体（CAN）の委員会決定37条や，南米南部共同市場（MERCOSUR）の競争維持に関する取決めを基盤としながらも，こうした地域ネットワークが，国際競争ネットワーク（ICN）を補完するものとしても形成されることが望まれる。

Ⅳ　ラテンアメリカ地域における競争法の整備状況

　ラテンアメリカ地域では，地域経済統合枠組および自由貿易協定の競争法制定促進機能が発揮されて[35]，ほとんどの国が競争法制を有するようになっている。下記の表は，各国の競争法制定状況を年代とともに示したものである[36]。この地域では，古くはアルゼンチンが1923年制定法を有していたが，現在の標準的な競争法[37]の実体をもつものではなく，メキシコ，チリ，ブラジルも同様に，実体を伴った法になるのは，多くの国で軍政から民政への移行がすんでからの，主に1990年代からである[38]。

　現在これらの地域で形式的にも競争法制を有していない国は（OECS諸国を除き），ベリーズ，グアテマラ，スリナム，キューバ，ハイチであるが，前3ヶ国では立法準備中である。これらの国々を除いては，実体を伴っているかはともかくとして，この地域の全ての国で競争法が制定されているが，各国の

表　ラテンアメリカ地域・各国における競争規定・競争法の制定（年代別）

1920s	1930s	1950s	1960s	1990s	2000s	2010s
					Cari2001	Mer2010
				(Mer1996)	CAN2005	
アルゼンチン	メキシコ	チリ	ブラジル	ペルー	バルバドス	エクアドル
		コロンビア		ベネズエラ	エルサルバドル	パラグアイ
				ジャマイカ	St.ビンセント・グレナディン	
				コスタリカ	ホンジュラス	
				パナマ	ニカラグア	
					ガイアナ	
					トリニダード・トバゴ	
					ウルグアイ	
					ドミニカ共和国	
					ボリビア	

競争法は，実体面においても手続面においても，その内容には差がある。こうした差を地域統合枠組を利用して減らしていき，競争法の統一（unification）を図る必要はあるのだろうか。かつて，研究者が提言した「国際反トラスト規約草案」は，その提言内容が統一法を目指すものではないことが確認され，各国法が独自性を保つ意義を指摘していた。[39] 反競争的行為と評価される行為の核になるものが共通性を有するようなミニマム・スタンダードが維持され，また国境を超える競争制限行為への対応に関する紛争解決の仕組みが整備されるのであれば，あとは各国の事情に応じた法制度の展開が許容されるべきであろう。[40] "No one-size-fits-all." というアプローチをとることを再確認するという意味では，近時主張されている，競争法の収斂（convergence）[41] を進める動きも，その内容を吟味する必要があるといえるであろう。

V　おわりに

　もともと，ラテンアメリカ地域では，植民地経済や軍政の経験から，いわゆる競争文化の醸成が不十分であり，また多くの国で経済規模は小さいもののそれぞれ高度集中の市場を抱える経済構造があるといわれる[42]。同地域のほとんどの国が極小国を含む途上国であり，人や予算の不足が恒常的な問題としてある中では，各国で競争法執行当局の独立性や専門性を確保するのには困難があり，制度的な問題ともあいまって経験の蓄積が十分に行われない状態につながっている。こうした問題に対応するためにも，集積による対抗力（域内の既得権益を有する支配的事業者等や多国籍企業に対するもの）の育成，コスト縮減の機能を発揮するものとして地域統合の枠組が活用できるはずであり[43]，また，設置されて日の浅い競争法執行当局や経験の蓄積が不十分な当局には，やはり地域統合枠組を基盤とした技術的支援を通じて，それが克服されていくことが望まれる[44]。しかしながら，本稿で検討した3つの地域統合枠組には，地域レベルでの中央執行機関の独立性や専門性が確保されていないがゆえの問題があり，その改善が強く求められる。また，地域レベルの違法行為とされるものの内容が不十分でもあるため，それを補うための機動的な見直しの体制の整備と共に[45]，その充実を図ることが要請される。

　ラテンアメリカ地域における3つの地域統合枠組の競争法関連規定については，前述したように，まだその実績はあがっていないのであるが，その評価をするのは早すぎるといえる[46]。それぞれの枠組の具体化された競争法制が形成されたのは2000年代以降であるからでもあるが，ようやく各国に競争法とその執行当局が整備されたばかりであるからでもある。国内の競争法にもとづく執行当局ができれば，一定の政治的作用が働く場合は別として，競争法執行の経験を蓄積していくことができるはずであり，競争法の意義を確認するための一定の素地がまず整うことになる[47]。これを出発点として，それぞれの地域統合枠組

を一定の窓口としても用いて[48]，競争法執行当局間の協力関係が充実したものになれば，相互の信頼も醸成されえて，前述した南米競争当局フォーラム設置の提言にみられるような現実的な必要性の認識をも背景として，一定のミニマム・スタンダードを有する各地域レベルの有効な競争法の調和が図られるかもしれない（ラテンアメリカ地域の緩やかな時間の流れに沿ってではあろうが）。その際忘れてはならないのは，各国のそれぞれの競争法が自主的に展開されることの重要性であり，それと同時に，地域レベルの競争法規定と各国の競争法との関係が明確に示されることである。なお，いかにミニマムレベルの法の調和が図られようが，各国の国内競争法が存在する限り，国境を越える反競争的行為に対する国際的な対応の必要性はなくならないため，つまり，各国の競争法が仮に同一であっても，国境を越える違法行為に対する一定の国による一方的法適用は行われうるのであるから，競争法分野の紛争にも適用可能な紛争解決の仕組みがつくられるべきであろう[49]。

1) O. Solano and A. Sennekamp, *Competition Provisions in Regional Trade Agreements*, OECD Trade Policy Working Paper No. 31, COM/DAF/TD (2005) 3 FINAL, (2006), p. 5, at http://www.oecd.org/trade.
2) S. Evenett, "What can we really learn from the competition provisions of RTAs?" in P. Brusick, et al., (eds.), UNCTAD, *Competition Provisions in Regional Trade Agreements: How to Assure Development Gains*, (United Nations, 2005), p. 37.
3) 浜口伸明「岐路に立つラテンアメリカ地域統合」『ラテンアメリカ・レポート』23巻2号（2006年），66頁。
4) 中米統合機構（SICA）は，1951年に創設された中米機構が，1991年のテグシガルパ議定書に基づき，発展的に解消されて中米統合機構（Sistema de Integración Centroamericana: SICA）になったものである。グアテマラ議定書（1993年）では，域内各国における自由な競争を促進するために，加盟国は共通規定を採択することとされており（25条），また，中米関税同盟創設の枠組合意（2007年）では，競争政策に関する地域レベルのルール策定をすることが規定されているが（21条），具体化はされていない。太平洋同盟（Alianza del Pacífico）は，2012年に設立され（枠組協定），枠組協定追加議定書（2014年）には公共調達等の分野における競争の維持が規定されているが，具体的な競争法関連規定はない。なお，両者の一般的な動向については，梶田朗・安田啓編著『FTAガイドブック2014』（JETRO, 2014年）161-168頁，175-176頁参照。

5) J. Drexl, "Economic integration and competition law in developing countries," in J. Drexl, et al., (eds.), *Competition Policy and Regional Integration in Developing Countries*, (Edward Elgar, 2012), p.31.
6) E. M. Fox, "International Antitrust and The Doha Dome," *Virginia Journal of International Law* 43, (2003), p. 915.
7) もっとも，加盟国中，ペルーおよびコロンビアは，太平洋同盟に新しく加盟し，ボリビアおよびエクアドルは，南米南部共同市場（MERCOSUR）への加盟手続中または関心を示しており，以前の加盟国であったチリおよびベネズエラの脱退からも，アンデス共同体の存続は危機的な状態にあるといわれている。OECD/IDB, *LATIN AMERICAN COMPETITION FORUM, Session II: Regional Competition Agreements, Background Note by the IADB Secretariat*, DAF/COMP/LACF（2013）5, p. 13, at http://www.oecd.org/competition.
8) F. Jenny and P. M. Horna, "Modernization of the European system of competition law enforcement: Lessons for other regional groupings," in P. Brusick, et al., (eds.), UNCTAD, *Competition Provisions in Regional Trade Agreements: How to Assure Development Gains*, (United Nations, 2005), pp. 301-304.
9) アンデス自由競争保護委員会の活動実績がないのみならず，過去の同様の委員会決定も含めて，委員会決定608号にもとづく，アンデス共同体事務局による法執行の実績はない。執行例とはいえない関連事例1件については，OECD/IDB, *supra* note 7, p. 11.
10) アンデス共同体事務局が，関係する加盟国競争当局に違反行為の調査の実施を依頼し，当該当局が調査を行っている過程において，同事務局も調査を独自に行うことができるとされているが（18条），それはどのような場合なのか，また，実際に同事務局が調査を行う能力をどの程度有しているのかは不明である。なお，2005年の委員会決定608号採択時にはボリビアおよびエクアドルは競争法制を有しておらず，したがって，それぞれの国では，同決定が直接適用されること（ボリビアについては同決定608号49条，エクアドルについては委員会決定616号1条），「加盟国競争当局」には各国が指定する組織がこれに当たることが規定された（ボリビアについては委員会決定608号50条，エクアドルについては委員会決定616号2条）。
11) T. Stewart, "Regional integration in the Caribbean: the role of competition policy," in J. Drexl, et al., (eds.), *Competition Policy and Regional Integration in Developing Countries*, (Edward Elgar, 2012), p. 171.
12) 東カリブ諸国機構（OECS）は，アンティグア・バーブーダ，ドミニカ，グレナダ，セントルシア，セント・クリストファー・ネビス，セントビンセント・グレナディン，（英領）モントセラットから成る。
13) カリブ共同体単一市場・経済（CSME）には，カリブ共同体加盟国であっても，バハマ，ハイチおよび英領モントセラットは参加していない。
14) 東カリブ諸国機構は，共同の中央執行機関を独自に創設することを断念し，本文で後述する，カリコム競争委員会が，東カリブ諸国機構の共同の競争当局として機能することができるようにするための検討を要請している模様である。CARICOM Competition

Comission, *Quarterly Report: January-March 2015*, p. 5, at http://www.caricomcompetitioncommission.com/en/news.
15) T. Stewart, *supra* note 11, p. 178.
16) A. Kaczorowska-Ireland, *Competition Law in the CARICOM Single Market and Economy*, (Routledge, 2014), p. 2. スリナムのパラマリボは，交通が不便なために，共同体域内では競争法の執行の経験が豊富なジャマイカの競争当局からの多くの担当者の異動が期待されたようには進まず，競争委員会の船出は簡単ではなかったといわれている。
17) トリニダード・トバゴのセメント会社の反競争的行為が問題となった事例で，同社がカリコム競争委員会の決定の手続的な問題について，カリブ司法裁判所に訴えたものがある。*Ibid*, pp. 256-259.
18) T. Stewart, *supra* note 11, p. 162. 東アジア地域に関して，同様の指摘をするものとして，稗貫俊文「東アジア競争法における公正競争と自由競争の均衡」日本国際経済法学会編『国際経済法講座Ⅰ　通商・投資・競争』(法律文化社，2012年)，464頁。
19) 各国の批准の状況は，南米南部共同市場（MERCOSUR）の Website: http://www.mercosur.int/innovaportal/v/526/4/innova.front/decisiones で確認できるが，どの程度の更新状況であるかは不明であり，ウルグアイの批准の情報は，同国の法情報サイトに依っている。
20) B. Rosenberg and M. Tavares de Araújo, "Implementation costs and burden of international competition law and policy agreements," in P. Brusick, et al., (eds.), UNCTAD, *Competition Provisions in Regional Trade Agreements: How to Assure Development Gains*, (United Nations, 2005), p. 208.
21) *Ibid*, p. 209.
22) OECD/IDB, *supra* note 7, p. 8.
23) B. Rosenberg and M. Tavares de Araújo, *supra* note 20, p. 209.
24) ラテンアメリカ地域における自由貿易協定や，当局間協力協定等は，簡単にそれぞれの協定を確認できるような状況にはないことから（米州機構（OAS）のウェブサイトには相当数のものが載ってはいるが），検討の内容は，基本的に，OECD/IDB, supra note 7, pp. 23-33. に依っている。
25) 競争法執行当局間の協力協定等とは，協力に関する協定・覚書・取決めと正式な名称が異なるものを含んでいる。
26) M. Gal, "International antitrust solutions: Discrete steps or causally linked?" in J. Drexl, et al., (eds.), *More Common Ground for Competition Law?*, (Edward Elgar, 201), p. 252. および B. Rosenberg and M. Tavares de Araújo, *supra* note 20, p. 204. を参考にして，特に途上国の競争法執行当局の協力関係は，まず情報交換と技術支援に絞るべきであり，国際礼譲の通報制を含めると，負担になると指摘されていることから，そのあり方を，とくに途上国にとって取り組みやすい形態から順に示した。
27) 民事又は商事に関する外国における証拠の収集に関するハーグ条約の適用に際して，競争法関連分野における国際的証拠収集共助が議論されたことがある。多田望「ハーグ

証拠収集条約について（上）」『熊本法学』84号（1995年）52頁。
28) OECD が国際競争ネットワーク（ICN）と共同して，競争法執行当局間の国際協力の実態について調査した結果が公表されてはいるが，個別の当局の状況を知ることは困難である。OECD, *Challenges of International Co-operation Law Enforcement*, (2014) at http://www.oecd.org/competition.
29) Comisión Federal de Competencia Económica（Mexico）, *International Cooperation*, (2014), p. 24, at http://www.internationalcompetitionnetwork.org/uploads/library/doc940.pdf
30) 国際競争ネットワーク（ICN）のほか，国際協力の場となる国際的な組織については，E. M. Fox and A. Arena, "The International Institutions of Competition Law: The systems' Norms, " in E. M. Fox and M. J. Trebilcock, (eds.), *The Design of Competition Law Institutions*, (Oxford University Press, 2013), pp. 444-487.や瀬領真悟「競争法の国際的エンフォースメント・国際的執行協力」日本国際経済法学会編『国際経済法講座Ⅰ 通商・投資・競争』(法律文化社，2012年)，435-441頁。また，国際競争ネットワーク(ICN)について，それは大いに成功しているとしながら，low-hanging fruits を手に入れているだけではないかとして，その限界も指摘するものとして，E. M. Fox, "Linked-In: Antitrust and the Virtues of a Virtual Network," *The International Lawyer* 43, (2009), p. 160.や D. D. Sokol, "International Antitrust Institutions," in A. T. Guzman, (ed.), *Cooperation, Comity, and Competition Policy*, (Oxford University Press, 2011), p. 202. なお，2015年4月月末現在，中国の競争法執行当局は，国際競争ネットワーク（ICN）に参加していない。
31) OECD, *supra* note 28, p. 18.
32) E. M. Fox, "Economic Development, Poverty and Antitrust: The Other Path," *LAW & ECONOMICS RESEARCH PAPER SERIES WORKING PAPER NO. 07-26*, (2007), p. 125.
33) COMPAL, "Lecciones aprendidas a raíz de los casos de Oxígeno Líquido en América Latina: Recomendaciones para mejorar la cooperación en las investigaciones de carteles," (2013), pp. 2-8.
34) ペルー競争当局は，アルゼチン・ブラジル・チリ・コロンビア・エクアドル・ウルグアイおよびベネズエラの競争当局に対して，①少なくとも年1回の会合の開催，②国境を越える違反行為についての決定例等を載せるバーチャル・プラットフォームを創設するための作業部会の設置，③国境を越える反競争的行為の調査に関する協力について上位規定および交換した情報の取扱についての規定を立案する作業部会の設置，④共同調査，⑤職員の相互交流を行う，南米競争当局フォーラムの設置を提言した。OECD/IDB/Indecopi, *LATIN AMERICAN COMPETITION FORUM, Session II: Regional Competition Agreements, CONTRIBUTION FROM PERU*, DAF/COMP/LACF (2013) 20, p. 6, at http://www.oecd.org/competition.
35) 瀬領真悟「地域経済統合と競争政策・独禁法」RIETI Discussion Paper Series 06-J-052（2006年），1頁，at http://www.rieti.go.jp/jp/publications/act_dp.html。

36) 表の中の年代は，原則として法制定年を反映させたものであるが，一部施行年が反映されている場合がある。
37) E. M. Fox, "Antitrust in no one's world," *Antitrust* 27, (2012), pp. 73-74.
38) 中川和彦・矢谷通朗編『ラテンアメリカ諸国の経済法制』(アジア経済研究所，1989年)，諏佐マリ「南米 (アルゼンチン・チリ・ブラジル) における競争政策の動向」『公正取引』741号 (2012年)，7-15頁。
39) W. Fikentscher, "The Draft International Antitrust code ("DIAC") in the Context of International Technological Integration," *Chicago-Kent Law Review*, 72-2, (1996), p. 536. なお，国際反トラスト規約草案については，正田彬，柴田潤子 (訳)「国際反トラスト規約草案」『ジュリスト』1036号 (1993年) 46-69頁。W. Fikentscher, "An International Antitrust code," *International Review of Intellectual Property and Competition Law*, 27-6, (1996), p. 769. さらに各国独自の競争法の重要性を指摘するものとして，A. Bhattacharjea, "Who needs Antitrust? Or, Is Developing-Country Antitrust Different? A Historical-Comparative Analysis," in D. D. Sokol et al., (eds.), *Competition Law And Development*, (Stanford University Press, 2013), p. 61.
40) もちろん，ミニマム・スタンダードが何か自体が議論されるところではあるが，このミニマム部分の統一あるいは調和 (harmonisation) の議論と，各国法の全体的な調和等にかかる議論とは区別して行われるべきである。
41) 多くの地域統合枠組がモデルとしたのが EU 競争法であるので，EU における法の unification, harmonisation, convergence については，E. J. Lohse, "The meaning of harmonisation in the context of European Union law - a process in need of definition," in M. Andenas and C. B. Andersen, (eds.), *Theory and Practice of Harmonisation*, (Edward Elgar, 2012), p. 291. また，convergence という言葉の意味の不透明さを指摘するものとして，D. J. Gerber, *Global Competition*, (Oxford University Press, 2010), p. 273.
42) ラテンアメリカ地域における競争法執行をめぐる全般的な問題点について，A. M. Alvarez and P. Horna, "Implementing Competition Law and Policy in Latin America: The Role of Technical Assistance," *Chicago-Kent Law Review* 83, (2008), pp. 106-108, J. Peña, "The Limits of Competition Law in Latin America," in I. Lianos and D. D. Sokol, (eds.), *The Global Limits of Competition Law*, (Stanford University Press, 2012), p. 237. また，途上国としての問題点について，E. M. Fox, "Competition, development and regional integration: in search of a competition law fit for developing countries," in J. Drexl, et al., (eds.), *Competition Policy and Regional Integration in Developing Countries*, (Edward Elgar, 2012), p. 281, pp. 286-292.
43) 地域統合枠組による，集積による対抗力の育成，コスト縮減等の機能を指摘するものとして，J. Drexl, *supra* note 5, p. 242. D. J. Gerber, "Regionalization, development and competition law: exploring the political dimension," in J. Drexl, et al., (eds.), *Competition Policy and Regional Integration in Developing Countries*, (Edward Elgar, 2012), pp. 259-61., M. Gal and I. F. Wassmer, "Regional agreements of developing

jurisdictions: unleashing the potential," in J. Drexl, et al., (eds.), *Competition Policy and Regional Integration in Developing Countries*, (Edward Elgar, 2012), pp. 293-296.
44) 同地域で，積極的な法運用を行っているとされるのが，ブラジル，チリおよびメキシコであり，ブラジルを中心として各国は，積極的に近隣国に技術的支援を行っている。また，カリブ共同体（CARICOM）において，カリコム競争委員会がベリーズやスリナムの法整備支援をしている例として，A. Kaczorowska-Ireland, *supra* note 16, p. 247.
45) M. Gal and I. F. Wassmer, *supra* note 43, p. 318. カリブ共同体（CARICOM）の場合，競争法関連規定が改訂チャグアラマス条約の内容となっているため，条約改正が容易に行えないような場合には，その柔軟な見直しが困難となりうる。
46) D. D. Sokol, "Order without (enforceable) law: Why countries enter into non-enforceable competition policy chapters in Free Trade Agreements," *Chicago-Kent Law Review* 83, (2008), pp. 270-273.は，地域統合枠組の競争法関連規定の執行がなくても，競争関連規定が設けられていることによる，国内向け，および外国投資家むけの象徴的意味合いがあると指摘している。
47) A. M. Alvarez, J. Clarke and V. Silva, "Lessons from the negotiation and enforcement of competition provisions in South-South and North-South RTAs," in P. Brusick, et al., (eds.), UNCTAD, *Competition Provisions in Regional Trade Agreements: How to Assure Development Gains*, (United Nations, 2005), p. 142.
48) *Ibid*, p. 149.
49) S. Evenett, *supra* note 2, p. 59. また，M. Gal and I. F. Wassmer, *supra* note 43, p. 317. カリブ共同体（CARICOM）の場合には，カリブ司法裁判所の積極的な活用のあり方が検討されるべきである。また，南米南部共同市場（MERCOSUR）の場合には，その競争維持に関する取決め（2010年，未発効）に定められているような競争保護専門第5委員会が紛争解決手続に中途半端に関与するようなものではなく，より独立性・専門性が確保された機関や手続の採用が検討されるべきであろう。なお，南米南部共同市場（MERCOSUR）の競争維持に関する取決めの，南米南部共同市場（MERCOSUR）レベルの当局について定める4条には補項が付されており，そこでは，4条に規定された内容は，後の規定によって改訂されることがあると定められている。その意味は不明であるが，仮に，ようやく加盟国すべてが競争法制をもつようになって（加盟手続中のボリビアについては留保が必要であるが），その協力関係が促進され，将来的には，より強力な地域レベルの当局の存在が必要とされることを予定しているという意味であるならば，その際には，適切な紛争解決の機関と手続が採用されることが望まれる。

(熊本大学法学部准教授)

論　説　地域経済統合と法の統一

アフリカにおける地域統合と法統一

小塚　荘一郎
曽野　裕夫

Ⅰ　はじめに
Ⅱ　アフリカにおける地域統合
　　1　地域統合組織の現状
　　2　アフリカにおける地域統合組織と法制度
Ⅲ　法統一組織としてのOHADA
　　1　設立の経緯と現状
　　2　OHADAの組織
　　3　OHADA統一法
Ⅳ　OHADA統一法の実情
Ⅴ　まとめ

Ⅰ　はじめに

　本稿の目的は，アフリカにおける地域的な法統一の動向を，地域統合という文脈の中で分析することである。アフリカ出身の法律家の間では，地域的な法の統一を主張する見解が，以前から存在していたが[1]，1990年代に入ると，西アフリカないし中部アフリカのフランス語圏諸国が中心となって，商事法の統一それ自体を目的とした国際組織であるOHADA（アフリカ商事法調和化機構）が設立された。2000年代には，東アフリカのコモンロー圏を中心として東アフリカ共同体（EAC）が私法統一に乗り出していることが注目される。本稿では，これらのうち，特にOHADAを取り上げて，基礎的な情報を紹介する。

　以下では，まず，アフリカにおける地域統合の現状について概観する（Ⅱ）。

次に、OHADA の組織について記述した上で（Ⅲ）、それが実体として構成国の私法にどの程度の影響を与えつつあるかに関する研究を紹介し（Ⅳ）、簡潔なまとめとともに今後の検討課題を呈示したい（Ⅴ）。

Ⅱ　アフリカにおける地域統合

1　地域統合組織の現状

アフリカには、相互に重複する地域統合組織が多数存在し、「スパゲッティ・ボウル」のような状態にあるとも評されている[2]。その中には、アフリカ連合（AU）への統合アジェンダにおいて位置づけを持つ地域統合組織と、それ以外の地域統合組織とが大別される[3]。

AU の統合アジェンダは、1980年の「ラゴス行動計画」に遡る。当時、AU の前身であったアフリカ統一機構（OAU）によって欧州をモデルとした経済統合が提案され、1991年のアフリカ経済共同体設立条約（アブジャ条約）に結実した[4]。そこでは、アフリカ大陸全体をいくつかのブロックに分けた上で段階的に経済統合を進めることとされ、ブロックごとの地域経済共同体として、アラブ・マグレブ連合（UMA）[5]、サヘル・サハラ諸国国家共同体（CEN-SAD）[6]、西アフリカ諸国経済共同体（ECOWAS）[7]、中部アフリカ諸国経済共同体（ECCAS）[8]、政府間開発機構（IGAD）[9]、東・南アフリカ市場共同体（COMESA）[10]、東アフリカ共同体（EAC）[11]、南部アフリカ開発共同体（SADC）[12]の 8 組織が位置づけられた。アフリカ経済共同体設立条約においては、経済統合は、6 つのステップを踏んで進められることとなっており、2028年までに、①既存の地域経済共同体の強化および新規の地域経済共同体の創設（5 年）、②域内貿易に対する関税及び非関税障壁の安定化（8 年）、③各地域経済共同体において自由貿易地域の創設（10年）、④地域経済共同体間における関税及び非関税障壁の調整を通じたアフリカ大陸全体の関税同盟の実現（2 年）、⑤アフリカ共通市場の創設及び共通政策の採択（4 年）、⑥アフリカ中央銀行の設立、単一通貨の導入及び汎

アフリカ議会の設立と最初の選挙（5年）を，合計34年で達成するという計画である。その後，OAU は2001年に AU へと改組され，アフリカ経済共同体もここに統合されて現在に至っている。

　このような地域統合プロセスは，計画どおりに進行しているとは言いがたいものの，現在でもアジェンダとして維持されている。その発端となったラゴス行動計画は，アフリカ諸国の経済発展の遅れを「南北問題」というフレームワークでとらえる考え方にもとづいていた[13]。ところが，おりしもアフリカ経済共同体設立条約が採択された90年代初めまでの間に，一方では社会主義体制の崩壊と冷戦の終結，他方では東アジアにおける新興諸国の台頭という歴史的な展開があり，アフリカの経済発展に対する考え方も，市場の機能を重視するワシントン・コンセンサスへと移行していった[14]。その結果として，市場における法ルールの統一を目的とした OHADA やアフリカ保険市場会議（CIMA）[15]，アフリカ社会保障会議（CIPRES）[16]といった地域統合組織が新たに誕生した[17]。また，同じ時期に，独立の前後から存在する中部アフリカ関税同盟（UDEAC）が中部アフリカ経済通貨共同体（CEMAC）に[18]，また西アフリカ経済共同体（CEOA）が西アフリカ経済通貨同盟（UEMOA）に[19]，それぞれ改組された。これらが，AU の統合アジェンダの枠外で存在する地域的統合組織である。

2　アフリカにおける地域統合組織と法制度

　以上のとおり，アフリカには多様な地域統合組織が存在するが，域内における法の統一という観点から見た場合，そこには，一見すると対立するような特徴がある。

　一方では，多くの地域統合組織が，設立条約にもとづく司法機関を持っている[20]。AU の統合アジェンダに位置づけられている8つの地域共同体のうち，CEN-SAD と IGAD を除く6共同体には，司法機関が存在する[21]。これは，ラゴス行動計画におけるアフリカ経済共同体の構想が，当時の欧州経済共同体をモ

デルとしているためであろうと想像される。ところが，欧州司法裁判所とは異なり，国内裁判所からの付託によって共同体法の解釈を示す権限は与えられていない場合が多い。そうした権限を裁判所に対して明示的に与える地域統合組織は，COMESA と EAC，および AU の統合アジェンダ外に位置する UEMOA のみである[22]。ただし，このことは各経済共同体の裁判所が機能していないという意味ではなく，少なくとも一部の地域統合組織では，裁判所が，構成国政府による人権侵害に対して，積極的に救済を命じている[23]。そうだとすれば，意図した結果であるか否かは疑わしいが，アフリカにおける地域共同体の裁判所は，EU にとっての欧州司法裁判所よりも，欧州評議会の欧州人権裁判所に近い役割を果たしているということになる。

　他方では，AU の統合アジェンダに位置づけられた地域共同体の大半は，法の統一を目的に掲げておらず，また実際の活動においても追求していない。ほぼ唯一の例外は EAC である。EAC は，関税同盟・共通市場・通貨統合，そして最終的には政治連邦となることを目指しているが，そのような統合を法律面・司法面で支えるために，私法分野も含めて「共同体に関連する国内法をハーモナイズすること」（EAC 設立条約126条2項b号）や「国内法の近似化（approximation）」（共同市場議定書47条）を政策課題として明示的に掲げている点が特徴的である[24]。これに対して，他の地域共同体では，法の統一は政策アジェンダに含まれていない。これはおそらく，ラゴス行動計画が「南北問題」のフレームワークを前提としていたことと関係しているのであろう。「南北問題」においては，先進国との間の国際貿易が経済格差の主たる原因とされるため，地域外との国際貿易を規律する法ルールの改革は，政策アジェンダとなる[25]。しかし，アフリカ諸国間における法の差異は，「南」に属する国の間の問題であるため，（域内の）国際取引を阻害する要因としては認識されにくいと思われるからである。

　アフリカの地域統合組織が，一方では司法機関を重視するように見え，他方

では法の統一に対する問題意識を強く持たないという点は，一貫しないように見えるが，いずれも，モデルの強い影響力を示す現象であるとも考えられる。司法機関の重視は，地域統合の具体的なモデルとなった EU（当初は欧州経済共同体）の仕組みをそのまま取り入れたものである。「南北問題」のフレームワークもまた，その時代には世界的に影響力を持っていた理論であり，法統一に対する関心の欠如は，その理論に忠実な政策アジェンダの設定が行われた結果だと言えよう。いずれの場合にも，そこには，国際的なドナーとその協力者の考え方が強く反映されているのである。

そうだとすれば，国際的な考え方が再度転換し，市場メカニズムの重視とそのために必要な制度的インフラストラクチャーの整備に焦点が移ったとき，それを反映する地域的な組織が出現することは，必然的であった。こうして，OHADA が創設されることになる。

Ⅲ　法統一組織としての OHADA

1　設立の経緯と現状

OHADA は，1993年にモーリシャスのポート・ルイスで締結された「アフリカにおける商事法の調和化に関する条約」（OHADA 条約）によって設立され，1995年に同条約が発効したことにより発足した。当時，OHADA 条約を締結した西アフリカないし中部アフリカの諸国は，一次産品の価格下落に苦しみ，外国資本の導入を必要としていた。商事法の統一は，域外からの投資を促進するために法的な安定性を高めるという目的で採用された政策であり，その意味で，ワシントン・コンセンサスにもとづく市場環境の整備という色彩を強く持っていた。[26]

現在，OHADA の当事国は，サブサハラ・アフリカの17か国である。[27] それらの国を法系によって区別すると，フランス法地域と英米法地域が併存するカメルーン，スペイン法を継受した赤道ギニア，ポルトガル法によるギニアビサ

ウを除く諸国は，すべてフランス法系に属する。そのため，OHADA は，フランス法系を中心とした大陸法地域の組織という印象を抱かれてきた。しかし，OHADA 条約は，AU 構成国による加入を認めているので（OHADA 条約53条），他のアフリカ諸国に対しても広く門戸を開いていると言える[29]。そのような背景の中で，2008年に OHADA 条約が改正され，それまでフランス語のみであった公用語に，英語，スペイン語およびポルトガル語が加えられた（OHADA 条約42条）。

2 　OHADA の組織

2008年の改正 OHADA 条約は，最高の決定機関として構成国元首会議を設置した。文字どおり構成国の元首が一堂に会するこの会議は，不定期に開催され，OHADA 条約に関する問題を決定する（OHADA 条約27条 1 項）。

このほか，OHADA の運営のために，4 つの機関が設けられている[30]。まず，意思決定機関は，構成国の司法大臣と財務大臣から構成される閣僚理事会（Conseil des ministres）である（OHADA 条約27条 2 項）。財務大臣が構成員となっている点からは，OHADA が外国資本の導入という経済政策を目的としていた事情を読み取ることもできよう。統一法を最終的に採択する権限は，この閣僚理事会が持っている。

第 2 の機関は，日常的な運営を担うための事務局（Sécretaire permanent）である（OHADA 条約40条）。事務局はカメルーンのヤウンデに所在し，事務局長（任期 4 年）と事務局員が所属している。事務局は，統一法の草案を作成する作業を行い，閣僚理事会が統一法を採択したときは，それを官報によって周知する（OHADA 条約 9 条）。

第 3 に，OHADA 法を解釈・適用する機関として，司法・仲裁裁判所（Cour Commune de Justice et d'Arbitrage: CCJA）が，コートジボワールのアビジャンに置かれている。CCJA の裁判官は 9 名で，15年以上の経験を有する職業裁判

官，弁護士および法律学者の中から，閣僚理事会が秘密投票によって選出する。裁判官の3分の1は，弁護士と法律学者の中から選出されなければならない。任期は7年で，再選は認められない（OHADA条約31条）。

　司法裁判所としてのCCJAは，OHADA条約および統一法の解釈を含む争訟について，国内裁判所の上級審として機能する。国内裁判所自身の付託によるほか，当事者の上告によって事件を受理することもでき，その場合には，各国の最上級審に代わって，本案の判断を行う。また，構成国，閣僚理事会または国内裁判所の要請にもとづき，OHADA法の解釈についての勧告的意見を発することもできる（OHADA条約14条）。CCJAは仲裁機関でもあるが，自ら仲裁廷となって事案を取り扱うのではなく，仲裁規則を定め，それにもとづく仲裁の適正な運用を確保する仲裁センターの役割を担うこととされている（OHADA条約21条）[31]。

　OHADAには，第4の機関として，上級司法研修所（École régionale supérieure de la Magistrature: ERSUMA）も設置されている（OHADA条約41条）。ERSUMAはベナンのポルト・ノボにあり，裁判官等の研修を主たる任務とする。裁判官の研修はOHADAが費用を負担するため参加者に対しては無償で提供され，それとは別に，弁護士，公証人，公認会計士等の法律実務家向けに有償の研修を行っているようである[32]。

3　OHADA統一法

　OHADAが統一法を作成する対象は「商事」に関する事項である。OHADA条約は，その具体的な項目として，会社法，商人資格，債権回収，担保，執行，企業の再生および法的清算，仲裁法，労働法，会計法，売買法ならびに運送法を列挙した上で，それ以外にも，閣僚理事会が全会一致で対象事項を追加することができると定めている（OHADA条約2条）。

　OHADAは，創設後最初の10年間に，条約で列挙された事項に関する統一

法を次々と採択した[33]。最初に，1997年には，統一商事通則法（日本の商法総則に対応する規定のほか，商事売買に関して，国連国際物品売買条約（CISG）をほぼそのまま取り入れた規定を置いている）[34]，統一商事会社法[35]，および統一担保法が採択された。次いで，翌98年には統一倒産処理法と統一執行法，99年に統一仲裁法[36]，2000年に統一会計法[37]，そして2003年には統一道路物品運送法が作成されている。その後，2001年の閣僚理事会によって追加されたアジェンダに属する統一共同組織法が2010年に成立し，採択された統一法は合計9本となった。これによって，企業活動に関する法制度はほぼ網羅されたと考えられる[38]。

2001年の閣僚理事会は，共同組織法に加え，競争法，銀行法，知的財産法，民事会社法，契約法および証拠法にもアジェンダを拡大することとしていたが，現時点ではOHADAによる統一法採択の拡大は止まっている。例えば，統一契約法については，ユニドロワ国際商事契約法原則（2004年版）に範を取った予備草案が作成され，2004年9月にOHADA事務局に提出されているが[39]，現在までのところ，具体的な統一契約法作成の決定は行なわれていない[40]。その経緯の詳細と分析については別稿に譲らざるを得ないが，統一契約法作成作業は挫折したと評価すべきように思われる[41]。

近年では，OHADAの立法活動は，むしろ一度採択された統一法の改正に重心が移っているように思われる。この流れのなかで，統一商事通則法と統一担保法が2010年に，また統一商事会社法が2014年に，それぞれ改正された[42]。

統一法を作成する手順は，これまでに十分確立されている[43]。前述のとおり，制度的には事務局が草案を作成するが，実際には，当該分野の専門家に起草が委ねられる。事務局は，起草された草案を各構成国の政府に送付する。各国では，その都度国内委員会を設置し，草案を検討した上で，90日以内に事務局に意見を提出する（OHADA条約7条1項）。その上で，すべての構成国の国内委員会が会合を持ち，全会一致によって草案を確定する[44]。これに対して，各国政府に，再度，意見提出の機会が与えられ，その後，提出された意見を付した草

案が，CCJA に呈示される。CCJA は OHADA 条約との整合性を含め，統一法の草案を審査して，勧告的意見を表明する（OHADA 条約 7 条 2 項）。こうしたプロセスを経た草案が閣僚理事会によって採択されると，それが統一法となる。閣僚理事会の決定も満場一致でなければならない（OHADA 条約 8 条 1 項）。採択された統一法は，特段の規定がない限り，採択の90日後に効力を生ずる（OHADA 条約 9 条）。

採択された統一法は，「それ以前又は以後に制定された国内法上のこれと反する規定にかかわらず，構成国において，直接的に適用され，かつ拘束力を有する」（OHADA 条約10条）。この条文の意味するところは必ずしも明らかでないため，これまでにさまざまな学説が呈示されてきた。そうした中で，2001年に，コートジボワール政府の要請にもとづいて，CCJA がこの条文の解釈を示す勧告的意見を出した。その結論は，統一法が批准や編入等の国内実施手続を経ずして各構成国で適用されること（統一法の超国家的効力）に加えて，統一法と内容的に抵触する既存の国内法は当然に効力を失い，また将来のそうした国内立法も禁じられること（統一法の法令廃止効）が，OHADA 条約のこの条文から導かれる，というものであった。[45]

Ⅳ　OHADA 統一法の実情

OHADA の組織と，その下で採択されてきた統一法の文面を見ると，この地域では，商事法の統一が相当に進展したような印象を受ける。しかし，それが，アフリカ社会に対してどの程度の影響力を持ってきたのかは，また別の問題である。全般的には，OHADA の活動によって事業活動の制度環境が改善したという肯定的な評価が強いが，[46] より実証的な研究として，2008年の時点で，CCJA の判決や勧告的意見を分析した研究があるので，以下に紹介しよう。[47]

CCJA が設立されたのは1997年，実質的に機能し始めたのは2001年である。従って，論文が執筆された時点で，ほぼ10年を経過していたことになるが，こ

の間に，CCJA に対してなされた付託・上告は661件，執筆時までに判決が出されていたのはこのうち277件であった。このほかに44件が取り下げられており，残りの359件が係属中であった。これを時期で分けてみると，前半5年間（2003年1月2日まで）は付託・上告92件に対して判決28件と命令6件が出されたにすぎず，残りの事件は，後半の5年（2003年から2008年4月30日まで）に集中している。これについて著者は，CCJA の存在が次第に認知されるようになり，国内裁判所も CCJA への付託を怠ることはなくなったが，逆に，CCJA の管轄外の事案が多数付託・上告されるようになって，事件処理の滞留を惹き起こすようになったと分析している。[48] なお，司法裁判所としての CCJA に対する付託・上告以外の手続として，勧告的意見の要請が20件あったが，うち18件について意見が示され，1件は手続が併合となり，残り1件が審理中であった。また，CCJA 仲裁は27件が提起されており，うち13件に対しては仲裁判断が示され，14件が手続進行中であった。[49]

　CCJA が司法裁判所として解釈を示す対象は，OHADA 条約，条約にもとづく規則，統一法，または決定のいずれかである（OHADA 条約14条1項）。CCJA が司法裁判所として判決を下した事件の内訳をみると，OHADA 条約と CCJA 手続規則に関するものが83件，統一執行法に関するものが111件，統一商事通則法に関するものが17件，その他の統一法は数件ずつしかない。これは，持ち込まれる事件のうち相当数が，CCJA 自身の管轄権の有無や範囲を争う事件であることを意味している。[50] それ以外の実体的な法ルールの中では，統一執行法の事件が突出している。統一執行法によって簡易な執行手続が導入され，それまでの実務が大きく変更されたことが反映されているようである。その他の統一法に関する事案が少ないことに関して，著者は，立法が早いペースで進められた結果，実務が追い付いていないという危険を指摘して，既存の統一法について適用状況を評価し，内容を再検討する余地があると述べる。[51]

　さらに，CCJA に対する付託・上告事件について，元の手続が行われていた

国の内訳をみると，コートジボワールが366件，カメルーンが89件であり，この両国で7割を超えている。マリ（33件），セネガル（31件）がそれに続き，他の国は10～20件前後，コモロ，ギニアビサウおよび赤道ギニアからは，この論文が執筆された時点で1件も付託・上告がなかった[52]。コートジボワールとカメルーンの経済規模が他の構成国よりも大きいという事情はあるとしても，この数字には，大きな偏りがあると言わざるを得ない。コートジボワールの場合には，国内にCCJAが所在するためにコスト等の点で利用のハードルが低いこと，ギニアビサウと赤道ギニアについては言語（それぞれポルトガル語とスペイン語が使用されている）の障壁もあると想像されること，などを著者は指摘している[53]。

この研究の著者が述べるように，CCJAの手続，さらに言えばOHADA法の存在自体は，コートジボワールとカメルーンの両大国を中心として，徐々に認知を得てきているように思われる。しかし，域内でも事業活動が不活発な他の諸国への浸透は，まだきわめて不十分であるし，統一執行法以外の統一法については，実際にどの程度まで利用されているのかについても疑問が残る[54]。前述のように，2000年代の半ば以降，OHADAは統一法の対象分野を拡大し続ける方針を転換し，既存の統一法の改正などに目を向けるようになっているが，それは，このような実態によく合致した判断であったと考えられる。

V まとめ

アフリカでは，「ラゴス行動計画」にもとづく構想をはじめとして，地域統合が継続的なアジェンダとなってきた。そして，1990年代にはOHADAが私法（商事法）の統一そのものを目的とする地域的組織として設立され，また2000年代に入ると，EACによる法統一も始動した。地域的な法統一に対して，少なくとも政治レベルではきわめて冷淡であったアジアとは対照的に，アフリカは，地域的法統一に積極的であるように見える[55]。

こうした地域統合や法統一の動向は，アフリカの社会に三層の構造が存在すると考えると，理解しやすくなるように思われる。第1の層は，国際的なドナー（支援国，国際機関）とその協力者であり，いわば最先端の理論にもとづいて改革を行おうとする集団である。第2の層は，国内のエリートないし既得権を有する人々によって構成される。歴史的な経緯等から，この階層もまたヨーロッパの強い影響を受けているが，そのよりどころとするヨーロッパの考え方と，第1の層が持ち込む国際的な考え方とは一致すると限らず，そこに緊張関係が生ずる余地がある。そして，第3の層として，ローカルな考え方にもとづいて行動する社会構成員がある。各国で現実に行われる経済活動や社会生活は，かなりの部分がこの層によって担われていると考えられるが，その実態は，第1の層が持ち込む理論とも，第2の層が依拠する思想とも対応しない面があり，そこに乖離や不整合が発生する。こうした三層の構造によって，いくつかの異なる次元でギャップが生まれ，それが地域統合や法統一の進行を妨げる場合があるように思われるのである。[56]

　この仮説を検証するためには，OHADA 以外の組織（とくに EAC）による法統一の活動や，より具体的な事例の検討などが必要になるが，紙幅の制約から，それは別稿として公表することとする。

＊本研究は JSPS 科研費24330025，15H01917の助成を受けたものである。

1) 初期のものとして，たとえば Ndulo (1987); Ndulo (1993); Bamodu (1994)。最近のものとして，Oppong (2011) pp. 106-111; Eiselen (2015) も参照。
2) Broadman (2007), p.18.
3) Salami (2012), p.6. 概観として，平野 (2002) pp.112-113；藤本 (2003)。
4) 正木 (2003)；片岡 (2013)；徳織 (2013)。
5) 構成国は，アルジェリア，リビア，モーリタニア，モロッコ，チュニジア。
6) 構成国は，ベナン，ブルキナ・ファソ，中央アフリカ共和国，チャド，コモロ，コートジボワール，ジブチ，エジプト，エリトリア，ガンビア，ガーナ，ギニア，ギニアビサウ，ケニア，リベリア，リビア，マリ，モロッコ，ニジェール，ナイジェリア，サン

トメ・プリンシペ，セネガル，シエラ・レオネ，ソマリア，スーダン，トーゴ，チュニジア。
7) 構成国は，ベナン，ブルキナ・ファソ，カーボベルデ，コートジボワール，ガンビア，ガーナ，ギニア，ギニアビサウ，リベリア，マリ，ニジェール，ナイジェリア，セネガル，シエラ・レオネ，トーゴ。
8) 構成国は，アンゴラ，ブルンジ，カメルーン，中央アフリカ共和国，チャド，コンゴ，コンゴ民主共和国，ガボン，赤道ギニア，サントメ・プリンシペ。
9) 構成国は，ジブチ，エリトリア，エチオピア，ケニア，ソマリア，南スーダン，スーダン，ウガンダ。
10) 構成国は，ブルンジ，コモロ，コンゴ民主共和国，ジブチ，エジプト，エリトリア，エチオピア，ケニア，リビア，マダガスカル，マラウイ，モーリシャス，ルワンダ，セーシェル，スーダン，スワジランド，ウガンダ，ザンビア，ジンバブエ。
11) 構成国は，ブルンジ，ケニア，ルワンダ，タンザニア，ウガンダ。
12) 構成国は，アンゴラ，ボツワナ，コンゴ民主共和国，レソト，マダガスカル，マラウイ，モーリシャス，モザンビーク，ナミビア，セーシェル，南アフリカ，スワジランド，タンザニア，ザンビア，ジンバブエ。
13) 平野 (2013) 182頁。
14) 佐藤 (2007)；金子 (2010)。その後，90年代後半には，市場の規律やガバナンスを重視するポスト・ワシントン・コンセンサスが提唱されたが，アフリカでも，2001年に民主主義とガバナンスを謳った「アフリカ開発のための新パートナーシップ」(New Partnership for Africa's Development: NEPAD) が宣言された（大林 (2003)，友田 (2003) 参照）。
15) 構成国は，ベナン，ブルキナ・ファソ，カメルーン，中央アフリカ共和国，コンゴ，コートジボワール，ガボン，ギニアビサウ，赤道ギニア，マリ，ニジェール，セネガル，チャド，トーゴ。
16) 構成国は，ベナン，ブルキナ・ファソ，カメルーン，中央アフリカ共和国，コンゴ，コートジボワール，ガボン，赤道ギニア，マリ，ニジェール，コンゴ民主共和国，セネガル，チャド，トーゴ，コモロ。
17) Awoumou (2008), p.112.
18) 岡田 (2002)。CEMAC の構成国は，中央アフリカ共和国，チャド，ガボン，カメルーン，コンゴ，赤道ギニア。
19) 構成国は，ベナン，ブルキナ・ファソ，コートジボワール，ギニアビサウ，マリ，ニジェール，セネガル，トーゴ。
20) Gathii (2010); Oppong (2011) pp.117 et seq.
21) Salami (2012), pp.44-54.
22) Salami, (2012), p.45. なお，ECCAS の裁判所は設立条約の解釈について先決的な判断をする権限を与えられているが，そうした解釈を求める主体は明記されていないため，国内裁判所による付託が可能かどうかは明らかでない。
23) EAC 裁判所，ECOWAS 裁判所や SADC 裁判所など。Oppong (2011), p.125; Gathii

(2010); Salami (2012), pp.47-49. SADC 裁判所は，ジンバブエ政府に対する人権救済の請求を認める判決を数多く出した結果，同政府の圧力により活動の休止に追い込まれた。Schneider (2012).
24) Agaba (2011).
25) その結果，国連貿易開発会議（UNCTAD）において，私法統一にかかわるいくつかの条約が採択された。森下＝沖野＝曽野（2013）参照。
26) Dickerson (2005), pp.27-30; Dickerson (2010), p.105; Onana Etoundi (2005), p.683.
27) ベナン，ブルキナ・ファソ，カメルーン，中央アフリカ共和国，コートジボワール，コンゴ，コモロ，ガボン，ギニア，ギニアビサウ，赤道ギニア，マリ，ニジェール，コンゴ民主共和国，セネガル，チャド，トーゴ。
28) そのことが，コモンロー国による OHADA への加盟の障害となっていると考えられる（Ntongho (2012), pp.61-62)。もっとも，コモンロー法圏でも，OHADA への加盟に関心を示す国が表れているとも言われている。Fondufe and Mansuri (2013), p.172.
29) AU 構成国以外の国でも，すべての条約当事国が承認すれば加入できることになっているから，条件付きながら，アフリカ大陸外の国に対しても加盟資格は開かれている。
30) Martor et al. (2007), pp.5-15; 小塚（2004）181頁。
31) このような CCJA の役割は国際商業会議所（ICC）の仲裁裁判所と類似している（Martor et al. (2007), p.272)。CCJA 仲裁規則も，ICC 仲裁規則とかなりの程度まで似ている。
32) Martor et al. (2007), p.13.
33) 簡単な紹介として，小塚（2004）182頁以下。
34) Schroeter (2001); Ferrari (2012).
35) 角田（2013）；角田＝カンジュ（2014a）；角田＝カンジュ（2014b）。
36) 統一仲裁法は，OHADA 構成国を仲裁地とする仲裁のうち，アドホック仲裁及び CCJA 仲裁以外の機関仲裁に適用される。CCJA 仲裁は，OHADA 条約に直接根拠を持ち，それにもとづく仲裁規則（CCJA 仲裁規則）に従って運用されるので，統一仲裁法は適用されない。統一仲裁法と CCJA 仲裁規則の間には，当事者が合意できない場合の仲裁人の選任や仲裁判断取消しの訴えについて，統一仲裁法は仲裁地の国内裁判所の権限を認め，CCJA 仲裁は CCJA の権限とする等の相違点がある。Martor et al. (2007), pp.260-261; Le Bars (2011), nos 220-221.
37) OHADA の統一会計法は，フランスの会計システムに強い影響を受けつつ，国際財務報告基準（IFRS）の適用をも視野に入れている点で，会計の分野における英米型システムと大陸型システムの妥協を図ったものと評されている。小関（2013 a），小関（2013 b）。
38) Dickerson (2010), p.105.
39) その後，若干の修正を加えて2005年9月に確定されたものが Uniform Law Review [2008] pp.521 et seq. その概観として Fontaine (2008).
40) Fontaine (2013), nos 25-27.
41) 一般的には，Fontaine (2004); Fontaine (2013); Onana Etoundi (2005)参照。

42) 統一商事会社法の改正について，角田＝カンジュ（2014a）；角田＝カンジュ（2014b）。
43) Fontaine (2004), p.574; Martor et al. (2007), pp.20-22; 小塚（2004）182頁。
44) 国内委員会の設置および会合は OHADA 条約には規定されていないが，優れた効果を上げてきたと評価されている。Martor et al. (2007), p.21.
45) CCJA, Avis No 1/2001/EP (30 avril 2001), Ohadata J-02-04. See Diedhiou (2007). なお，学説の中には，さらに進んで，この条文により統一法の規定はすべて強行的に適用され，当事者の合意による逸脱を許さないと述べるものもある（Kenfack Douajni (2003))。しかし，そのような考え方をとると，契約法のように多くの任意規定を含む統一法の場合に困難を生ずるであろう。Cf. Onana Etoundi (2005), pp.704-706.
46) 世界銀行と国際金融公社は，OHADA の活動とそれに伴って構成国で行われた一連の制度改革を高く評価する報告書を公表している。Fondufe and Mansuri (2013), p.172; La Banque mondiale & la Société financière internationale (2011). 日本企業にとっても，OHADA 法の理解や CCJA の活用が重要であると指摘されている。小野＝山口＝中山＝菅（2014）55頁以下；小野＝中山＝森本＝野村（2014）49頁。
47) Onana Etoundi (2008).
48) Onana Etoundi (2008), p.5.
49) Onana Eotundi (2008), pp.3-4.
50) Onana Etoundi (2008), p.7.
51) Onana Etoundi (2008), p.8.
52) Onana Etoundi (2008), p.4. なお，当時，コンゴ民主共和国はまだ構成国となっていない。
53) Onana Etoundi (2008), p.6.
54) Onana Etoundi (2005), p.709.
55) このことは，とりわけ，アジアにおいて，私法の統一，より一般的には地域統合における司法機関の役割に対する関心が薄いように見えることと対照的である。ASEAN 市場統合との関係でこの点を指摘するものとして，Jaluzot (2012)。
56) さらに，第1の層の内部においても，世界銀行や IMF に代表されるアングロサクソン法系のドナーと，フランス法系のドナー間の緊張関係もみられる。Ntongho (2012)。

参考文献（欧文）

Agaba, S. (2011). "The Future of International Commercial Law in East Africa" *European Journal of Law Reform* 13: 505-513.

Awoumou, C. D. G. (2008). "ECCAS or CEMAC? Which Regional Economic Community for Central Africa?" in C. Ayangafac (ed.), *Political economy of regionalisation in Central Africa*. Pretoria, Institute for Security Studies: 109-149.

Bamodu, 'G. (1994). "Transnational Law, Unification and Harmonization of International Commercial Law in Africa" *Journal of African Law* 38(2): 125-143.

Broadman, H. G. (2007), *Africa's Silk Road*, The World Bank, available at https://open knowledge. worldbank. org/bitstream/handle/10986/7186/378950Africas0silk0road01PUB

LIC1.pdf?sequence=1.
Dickerson, C. M. (2005). "Harmonizing Business Laws in Africa: OHADA Calls the Tune" *Columbia Journal of Transnational Law* 44: 17-73.
Dickerson, C. M. (2010). "OHADA on the Ground: Harmonizing Business Laws in Three Dimensions" *Tulane European & Civil Law Forum* 25: 103-118.
Diedhiou, P. (2007). "L'article 10 du Traite de l'OHADA: quelle portee abrogatoire et supranationale?" *Uniform Law Review* NS-XII(2): 265-284.
Eiselen, S. (2015). "The Adoption of UNCITRAL Instruments to Fast Track Regional Integration of Commercial Law" *Revista Brasileira de arbitragem* 12: 82-99.
Ferrari, F. (2012). "CISG and OHADA Sales Law" in U. Magnus (ed.), *CISG vs. Regional Sales Law Unification.* Munich, Sellier European Law Publishers: 79-96.
Fondufe, C. N. and S. Mansuri. (2013). "Doing Deals in Africa – Reflections on What is Different and What is Not" *Business Law International* 14(2): 163-183.
Fontaine, M. (2004). "The Draft OHADA Uniform Act on Contracts and the Unidroit Principles of International Commercial Contracts" *Uniform Law Review* NS-IX(3): 573-584.
Fontaine, M. (2008). "L'avant-projet d'Acte uniforme OHADA sur le droit des contrats: vue d'ensemble" *Uniform Law Review* NS-XIII(1/2): 203-215.
Fontaine, M. (2013). "L'avant-projet d'Acte uniforme OHADA sur le droit des contrats: quelques reflexions dans le contexte actuel" *Journal Africain du Droit des Affaires* (Numero special): 74-86.
Gathii, J. T. (2010). "The Under-Appreciated Jurisprudence of Africa's Regional Trade Judiciaries" *Oregon Review of International Law* 12: 245-282.
Issa-Sayegh, J. (2001). "La portee abrogatoire des actes uniformes de l'OHADA sur le droit interne des etats-parties" *Revue burkinabé de droit,* n° 39-40, n° special: 51 (Ohadata D-02-14).
Jaluzot, B. (2012). "Quelle intégration juridique pour l'ASEAN?" in F. Osman (ed.), *Vers une lex mercatoria mediterranea.* Brussels, Bruylant: 151-172.
Kenfack Douajni, G. (2003). "La vente commerciale OHADA" *Uniform Law Review* 2003-1/2: 191-200.
La Banque mondiale & la Société financière internationale (2011). *Doing Business dans les Etats membres de l'OHADA 2012.* Washington, DC, Banque internationale pour la reconstruction et le developpement.
Le Bars, B. (2011). *Droit des societes et de l'arbitrage international.* Paris, Joly editions.
Martor, B., N. Pilkington, D. S. Sellers, & S. Thouvenot (2007). *Business Law in Africa: OHADA and the harmonization processs.* , London, GMB Publishing Ltd.
Ndulo, M. (1987). "The United Nations Convention on Contracts for the International Sale of Goods (1980) and the Eastern and Southern African Preferential Trade Area" *Lesotho Law Journal* 3: 127-158.

Ndulo, M. (1993). "Harmonization of Trade Laws in the African Economic Community" *International and Comparative Law Quarterly* 42: 101-118.

Ntongho, R. A. (2012). "Political Economy of the Harmonisation of Business Law in Africa" *Journal of Politics and Law* 5(2): 58-67.

Onana Etoundi, F. (2005). "Les Principes d'UNIDROIT et la securite juridique des transactions commerciales dans l'avant projet d'Acte uniforme OHADA sur le droit des contrats" *Uniform Law Review* NS-X(4): 683-718.

Onana Etoundi, F. (2008). "L'évaluation de la Jurisprudence de la CCJA en matière d'interprétation et d'application du droit OHADA. (07 avril 1997 - 30 avril 2008)" in *Actes du Colloque international d'évaluation de la jurisprudence Thème « Tendances jurisprudentielles de la CCJA en matière d'interprétation et d'application du Traité OHADA et des Actes uniformes ». Lomé les 24 et 25 septembre 2010. Recueil Penant* n° 865 (Oct. - Déc. 2008): (Ohadata D-11-18).

Oppong, R. F. (2011). *Legal Aspects of Economic Integration in Africa*. Cambridge, Cambridge University Press.

Salami, I. (2012). *Financial Regulation in Africa*. Surrey, Ashgate Publishing Limited.〇

Schneider, K. (2012). "The SADC Tribunal - exclusive access?" Veranstaltungsbeitrag, available at http://www.kas.de/wf/doc/kas_33080-1522-2-30.pdf?130117081215.

Schroeter, U. G. (2001). "Das einheitliche Kaufrecht der afrikanischen OHADA-Staaten im Vergleich zum UN-Kaufrecht" *Recht in Afrika* 2011: 163-176.

参考文献（日本語）

大林稔（2003）.「NEPADはアフリカの未来を開けるか」大林稔（編）『アフリカの挑戦』昭和堂：3-20.

大林稔（編）（2003）.『アフリカの挑戦』昭和堂.

岡田昭男（2002）.「中部アフリカ経済通貨共同体（CEMAC）の発足――旧仏領中部アフリカのUDEACの改組による――」外務省調査月報21(2)：1-16.

小野傑＝山口勝之＝中山龍太郎＝菅悠人（2014）.「アフリカ法務の基礎〔V〕」商事法務2047：52-57.

小野傑＝中山龍太郎＝森本大介＝野村遥（2014）.「アフリカ法務の基礎〔VII・完〕」商事法務2049：45-51.

片岡貞治（2013）.「アフリカにおける地域統合――現状と課題――」日本国際問題研究所『地域統合の現在と未来』http://www2.jiia.or.jp/pdf/resarch/H24_Regional_Integration/08-kataoka.pdf.

金子由芳（2010）.『アジアの法整備と法発展』大学教育出版.

小関誠三（2013a）.「OHADA会計制度」CGSAフォーラム(11)：41-59.

小関誠三（2013b）.「会計標準化の理念とOHADA会計システム」會計(184)：720-732.

小塚荘一郎（2004）.「アフリカにおける統一商事法」国際商事法務32(2)：180-186.

佐藤創（2007）.「開発途上国における経済法制改革とワシントン・コンセンサス」今泉慎也

(編)『国際ルール形成と開発途上国』アジア経済研究所.
角田進二 (2013).「アフリカ商事法調和化機構 (OHADA) における統一商事会社法の概要について (1)」国際商事法務41(10): 1510-1514.
角田進二＝オレリエン・カンジュ (2014a).「アフリカ商事法調和化機構 (OHADA) における統一商事会社法の概要について (2)」国際商事法務42(9): 1343-1348.
角田進二＝オレリエン・カンジュ (2014b).「アフリカ商事法調和化機構 (OHADA) における統一商事会社法の概要について (3)」国際商事法務42(12): 1829-1833.
徳織智美 (2013).「アフリカにおける地域統合の展開と今後の展望」経済学研究 62(3): 79-93.
友田恭子 (2003).「NEPADの沿革および現状とTICADとの連携」大林稔 (編)『アフリカの挑戦』昭和堂: 21-32.
平野克己 (2002).『図説アフリカ経済』日本評論社.
平野克己 (2013).『経済大陸アフリカ』中央公論新社.
藤本義彦 (2003).「アフリカの地域協力体制」大林稔 (編)『アフリカの挑戦』昭和堂: 230-253.
正木響 (2003).「アフリカにおける経済発展戦略の転換と地域経済の深化」釧路公立大学地域研究(12): 21-42.
森下哲朗＝沖野眞已＝曽野裕夫 (2013).「私法統一の現状と課題 (8・完) 国際商業会議所 (ICC), 国際連合貿易開発会議 (UNCTAD) 等」NBL 1009: 69-79.

(学習院大学法学部教授)
(北海道大学大学院法学研究科教授)

論　説　自由論題

EPZs in a Multilevel International Economic Law: Achieving EPZ Compliance with Multilateral and Regional Trade Agreements and International Soft Law

Alejandra Maria González

I Introduction
II IEL and EPZs: Trade Liberalization vs. Domestic Industrial Policy
　1 Trade Liberalization: A Historical Review
　2 EPZs as Domestic Industrial Policies
III EPZs and the IEL WTO-ASCM
IV EPZs and IEL RTAs
V EPZs and International Economic Soft Law
VI Concluding Remarks

〈日本語要約〉
多層的な国際経済法における輸出加工区
——輸出加工区による多角的及び地域貿易協定並びに国際ソフトロー遵守の達成——

　本研究は，輸出加工区は，多層的な国際経済法の下で途上国がとり得る重要な国内産業政策と定義し，また国際経済法規定の一部には輸出加工区の財政上及び規制上のインセンティブと衝突する規律を設けるものがあることを指摘する。今日，国際経済法は多層的な法構造を有するという特徴がある。こうした多層的な法構造においては，多角的貿易体制の規定のみならず地域貿易体制における規律もが輸出加工区のパフォーマンスに影響を及ぼす。本論文で分析する国際経済法における関連規律は，主にWTO補助金及び相殺関税に関する協定（以下「補助金協定」という。）の規定である。補助金協定は補助金の定義を設けており，輸出パフォーマンス及び輸入産品に対する国内産品の優

先的使用を条件とした補助金を禁止している。輸出加工区では，ホスト国政府がある一定の財政的利益を供与する仕組みを採用しているため，この輸出補助金禁止規定の対象となりうる。補助金協定に規定されている途上国向け「特別のかつ異なる待遇」は2015年12月が経過期間の最終期限であり，途上国はそれまでに多角的貿易体制のルールの遵守を確保するため輸出加工区の改革が必要となる。地域レベルでは，現在の貿易政策の傾向として地域貿易協定において貿易・労働リンケージを設けることが多い。つまり，地域貿易協定において法的強制力を有する労働規定のもと，輸出加工区内で発生した労働基準違反に対して経済制裁又は貿易制裁を課すことができる。他方，ホスト国政府は，輸出加工区内において労働基準違反を放置する形で労働法を柔軟に適用することによって規制上のインセンティブを設けることがある。このように，地域貿易協定の規定と輸出加工区と間に衝突が起こりうる。企業の社会的責任（CSR）及び行動規範（CoC）として具現化される国際ソフトローは，私的で自主的かつ法的拘束力のないものであるが，輸出加工区における労働基準違反関連のコンプライアンスを確保する有用な手段にもなりうる。地域貿易協定にCSR規定を取り込むことで，それらの規定が法的拘束力を持ち，ひいては労働基準の遵守促進にもつながる。

多くの途上国は世界貿易における競争力を維持するため，多角的貿易協定や地域貿易協定に進んで署名しているが，それによって主権や政策空間の一部を放棄してしまっている。途上国が輸出加工区のような重要な産業政策を実行しつつ国際経済法を遵守することのできるような適切な政策空間を確保することは，政策立案者や実務家にとって残された課題となっている。本論文における包括的な分析は，輸出加工区による多層的な国際経済法の遵守を達成するための代替案を提示することで，上記課題の解決に貢献するものである。

I Introduction

The evolution of the international economic law (IEL) and the creation of new international trade regimes (ITRs) to enhance trade liberalization have limited the policy space of developing countries that use domestic industrial policies to remain competitive in the international trade arena. This policy space limitation has given place to clashes between trade liberalization rules and policies sovereign countries want to implement.

In relation to the trade liberalization rules dictated by the ITRs, the

IEL is characterized today by a multilevel structure. At present, not only the conventional multilateral trade agreements (MTAs) such as the provisions contained in the World Trade Organization (WTO) agreements set forth the rules of the game, but also regional trade provisions found in the proliferating regional trade agreements (RTAs) establish rules, and as is relevant to say, also contribute to the policy space erosion of developing countries. Developing countries relinquish some of their policy space by signing MTAs and RTAs. However, they do so to remain competitive in a globalized world and to prevent exclusion, as other countries may gain preferential market access and become more attractive to foreign direct investment (FDI).

Besides the multilateral and regional levels, a third level in the ITRs that directly affects domestic industrial policies is found in the international soft law. Concretely, the present study refers to the rules of corporate social responsibility (CSR), and more precisely the codes of conduct (CoC). CSR rules are private, quasilegal, non-binding instruments based on the compliance and voluntarism of companies to behave ethically and to contribute to economic development while improving the quality of life of society as a whole. CSR rules go beyond companies' legal obligations as compared to the conventional international law. They have significant effects on the operation and behavior of the large multinational corporations (MNCs) and thus also deserve to be analyzed within the IEL context.

The dynamics of the multilevel IEL, the policy space erosion, and the clashes between the ITRs and domestic industrial policies can be explained in light of the export processing zones (EPZs). EPZ programs represent significant development tools implemented by governments to promote industrialization through export-oriented manufacturing activities.

Concretely, EPZs are fenced-in industrial estates specializing in manufacturing for exports that offer firms free trade conditions by lowering or exempting trade barriers and by granting a liberal regulatory environment.[1] The rules inside EPZs are different from those that prevail in national territories[2] and are thus considered a *quid pro quo* between host governments and investing companies.[3] This means that investing companies benefit from fiscal incentives (duty-free and tax exemptions on imports and exports) and from regulatory incentives (flexible labor law) compared to companies located in the rest of the national territory. Host governments benefit from the companies because the latter increase investment in host governments' national territories, alleviate unemployment, give rise to technology transfers and know-how, and increase foreign exchange earnings, among other benefits. EPZ schemes involve three main actors: host governments, investing companies, and the workforce directly engaged in the manufacturing activities.

EPZs have become increasingly popular as trade promotion policy tools and represent core pillars to sustain economies of many developing countries. However, the fiscal and regulatory incentives granted at times clash with individual provisions dictated by the IEL. Within the multilevel IEL, the MTAs directly affect the fiscal incentives. The WTO Agreement on Subsidies and Countervailing Measures (ASCM) defines subsidies and prohibits specific subsidies contingent upon export performance or upon the use of domestic over imported goods. The ASCM does not define EPZs *per se*; however, fiscal incentives granted inside EPZs fall into the ASCM export subsidy prohibition. At the IEL regional level, RTAs directly affect the regulatory incentives. A recent trend in trade policy is the trade-labor linkage inclusion in RTAs, i.e., the inclusion of enforceable labor provisions that sanction labor standard violations that take place within the RTA's scope. The enforceable labor provisions affect EPZs and limit a host government's policy space in granting these regulatory incentives to attract investment. The reason is that regulatory incentives may include flexible labor laws that violate labor standards set forth by the multilateral system (MTS), precisely those dictated by the International Labour Organisation (ILO)[4].

At the private IEL level, the international soft law, CSR rules, such as CoC, also have direct effects over EPZs. In many cases EPZs are characterized by utilizing low-cost, labor-intensive manufacturing processes. This happens especially in the textile assembly industries, where well-known MNCs are the main investors. Companies want to ensure to their final consumers that the products holding the MNC's label adhere to clean and ethical processes compliant with the law. Adherence of MNCs to specific CoC guarantees a clean corporate image for the MNCs and the accountability of investing companies. Compliance with clean production processes that goes beyond the legally binding hard law may lead to trade increase and economic growth for the host governments of EPZs.

EPZs for long have been the subject of numerous economic and social studies[5]. In relation to the EPZ legal aspects, Torres, Creskoff[6] and Walkenhorst[7], and Gari[8] focus on EPZ fiscal incentives and achieving compliance with the WTO Law. Shadikhodjaev[9] identifies EPZs within the MTS by analyzing EPZ compliance with WTO rules and provisions set forth by the World Customs Organization (WCO). Granados and Engman[10], Onodera and Pinali[11] identify EPZs within the WTO and RTAs, but no mention is given to the regulatory incentives, therefore neither trade-labor linkage nor CSR in RTAs is referred to in either of the studies. Waters[12] strives to achieve EPZ compliance through CSR, but the author does not yet acknowledge the inclusion of CSR in RTAs.

The present study takes a more comprehensive approach by identifying EPZs within the multilevel IEL: MTAs, RTAs, and international soft law. The study highlights the potential conflicts between the IEL rules and the fiscal and regulatory incentives granted in EPZs. It offers pragmatic EPZ legal reform proposals that countries can implement so that EPZ programs can comply with the IEL in a post-Special and Differential Treatment (SDT) era. The proposed EPZ reforms would be beneficial for developing countries. Traditional manufacturing sectors would be able to upgrade through product diversification, and the service sector could be promoted, rather than solely focusing on traditional non-dynamic textile assembly manufacturing. In relation to RTAs, the study supports labor standard enforcement in EPZs at the regional level. It considers RTAs as stepping stones to improve labor standard enforcement by including CSR provisions within their framework. The inclusion would ensure EPZ compliance with the IEL in trade-labor linkage aspects. Soft law CSR provisions included in hard law RTAs would make them legally binding for signing members and labor standard monitoring and enforcement could result in being more efficient.

II IEL and EPZs: Trade Liberalization vs. Domestic Industrial Policy

The IEL today is characterized by having a series of ITRs at different levels coexisting with one another and all of them ruling over the world trade activities. ITRs refer to international processes and the collection of rules on tariff and non-tariff barriers and export incentive schemes aimed at strengthening the competitiveness of countries. ITRs may be exemplified by MTAs, RTAs, economic partnership agreements (EPAs), bilateral trade agreements (BITs), Transpacific Partnership (TPP), and international soft law, such as CoC, among others. With many kinds of ITRs proliferating it is evident that the IEL is undergoing an evolution.[13]

In general, all the ITRs of the IEL pursue trade liberalization for the development of countries, but at the same time they also limit the policy space of sovereign countries. These IEL rules are born and shaped from in negotiations and the voluntary signing of the concerned countries. Policy space erosion voluntarily takes place. The reason for developing countries to sign such burdensome agreements is to remain competitive so that their economies can survive. Likewise, to keep competitiveness, developing countries need to optimize their comparative advantages, many of them having a large low-cost labor force. EPZs represent promising domestic industrial policies that have enabled countries to maximize their comparative advantages by engaging in manufacturing activities utilizing low-cost, labor-intensive production systems. The following section provides a historical review of trade liberalization and EPZ implementation as promising tools for countries' development.

1 Trade Liberalization: A Historical Review

During the second post-war period, countries around the world sought ways to revive economies by enhancing global trade. In 1948, the General Agreement on Tariffs and Trade (GATT) was established among 23 sovereign countries as a multilateral agreement. Its purpose was the "substantial reduction of tariffs and other trade barriers and the elimination of preferences, on a reciprocal and mutually advantageous basis."[14] Rules were to be applied equally to all members, regardless of their development status. The principle of reciprocity prevailed.

With the principle of reciprocity, a need to bridge the gap between developed and developing countries became essential. In response, the GATT system, in its Tokyo Round, enacted the Enabling Clause that allowed developed countries to give preferential treatment to developing countries.[15] It came to provide permanent legal cover for the Generalized System of Preferences (GSPs) and for Special and Differential (SDT). The Enabling Clause also restated the principal of non-reciprocity and further stated that developing countries expected their capacity to make contributions to negotiate and commitments to improve with the progressive development of their economies and improvement in their situation. This was the notion of graduation.[16]

In relation to trade in textiles, which would have direct effects on EPZs, the Multi- Fibre Arrangement (MFA) was introduced in 1974. The MFA had the purpose to impose quotas on textiles and garments that developing countries could export to developed countries. The welfare effects of quotas for domestic countries were virtually identical to tariffs: "A quota increases the welfare of domestic producers [and] is more certain than a tariff because the importing country controls the number of imports."[17] With the MFA, textile and garment EPZs could ensure specific quotas to be exported to developed countries' markets.

Following the Tokyo Round, the GATT Uruguay Round, launched in

1986, gave birth to the WTO in 1995. The WTO maintained the GATT agreement and furthermore included a package of agreements characterized by a single-undertaking: nothing is agreed until everything is agreed. Relevant to the present study, two agreements would have direct effects over EPZs. The ASCM would come to define and prohibit export subsidies commonly used in EPZ programs. The Agreement on Textiles and Clothing (ATC) put an end to the MFA and would give a transitional period of ten years for the ultimate removal of textile quotas.

2   EPZs as Domestic Industrial Policies

EPZs are significant policy instruments for development and export-oriented growth.[18] EPZs have been established over decades and today large shares of developing countries' manufactured exports originate in EPZs. An EPZ refers to one or more areas of a country where barriers to trade are reduced, and other incentives are created to attract investors.[19] They are considered domestic industrial policies, as governments promote incentives to enhance investment. Since the first modern EPZ was established in the late 1950s, they have proliferated worldwide. EPZs employ sixty-eight million people in the world, representing three percent of the global workforce.[20] EPZs exist in over 119 countries across Asia, Latin America, Eastern Europe, the Middle East, and sub-Saharan Africa.[21]

The main reasons for EPZ proliferation are the confluence of four main trends: a) the increasing emphasis on export-oriented growth; b) the growing emphasis on FDI-oriented growth; c) the transfer of production of labor-intensive industries from developed countries to developing countries; and d) the increasing international division of labor and number of global production networks. EPZ commonalities worldwide include references to geographic or fenced-in areas and free trade conditions to attract export-oriented manufacturers.

The fiscal incentives are highly attractive to national and foreign investors. The ILO classifies these incentives as follows: a) exemption from some or all export taxes; b) exemption from some or all duties on imports of raw materials or intermediate goods; c) exemption from direct taxes such as profit taxes, municipal and property taxes; d) exemption from indirect taxes such as VAT on domestic purchases; e) provision of streamlined administrative services primarily to facilitate import and export, among others.[22]

Countries implement EPZs through specific domestic laws that grant specific tax breaks and tax holidays. Each EPZ law details customs procedures on input, intermediate, and output products. The laws specifically refer to incentives granted to investing companies, distinguishing them from those located in the rest of the national territory. In Costa Rica, for example, the Free Zone Regime Law, no. 7210 (last amended in 1998), grants exemption from all taxes on imports of raw materials, components and parts, packaging materials, machinery, equipment, spare parts, and vehicles required; exemptions from all taxes on imports of fuel and oil; exemption on land tax, municipal taxes, and business taxes, among others. In Honduras, one of the many relevant EPZ laws is the Puerto Cortes Free Zone Law (1976), granting total tax exemption on tariff duties, charges, surcharges, consular fees, internal tax, consumption tax, and other taxes directly or indirectly related to imports and exports customs operations for the zone.[23] Though EPZs share commonalities, the specific incentives granted by domestic laws vary from country to country, and thus they must be considered on a case-by-case basis.

III EPZs and the IEL WTO-ASCM

The present section reviews EPZs at the multilateral level by highlighting the specific WTO Law provisions that prohibit export subsidies and which may conflict with fiscal incentives granted in EPZs. It also identifies the SDT benefits that the ASCM granted to a particular list of developing countries. These benefits are currently facing a final phase-out period that is to conclude, with no final extensions, in December 2015.

The types of incentives that are typically part of EPZ policy are subject to rules under the WTO-ASCM. The Agreement is applicable exclusively to trade in goods.[24] Article 1.1 of the ASCM defines a subsidy as a financial contribution by a government that confers a benefit to a recipient. Footnote 1 of Article 1.1 introduces permissible duty exemptions: "[t]he exemption of an exported product from duties or taxes borne by the like product when destined for domestic consumption, or the remission of such duties or taxes in amounts not in excess of those which have accrued, shall not be deemed to be a subsidy." These incentives shall not be deemed to be subsidies.

Article 1.2 introduces the concept of specificity and provides that the Agreement covers only those subsidies that are specific. Article 3 distinguishes between prohibited subsidies and actionable subsidies. Prohibited subsidies are those that are either contingent upon export performance or the use of domestic over imported goods. In relation to the specificity, the ASCM provides that a subsidy may be considered specific if access to it is limited to a particular industry, enterprise or group of enterprises, or region.

They are also deemed to be specific if they fall within the prohibited subsidies category. These subsidies, commonly referred to as export subsidies, and import substitution subsidies are explicitly prohibited and thus, also called red subsidies.

ASCM Annexes I and II list prohibited export subsidies that overlap and contradict with the fiscal incentives granted in EPZs. Examples are: provision by governments of goods and services for use in the production of goods for export in terms more favorable than those available for use in the manufacture of goods for domestic consumption; full and partial remission or deferral of direct taxes, such as income and property taxes, and social welfare charges, specifically related to exports; freight charge for exports on terms more favorable than those available for domestic shipments; exemption from taxes on profits as well as any other tax determined on the basis of gross or net income; and dividends paid to shareholders, among others subject to the particular circumstances of the EPZs concerned.

Actionable subsidies include all non-prohibited subsidies, but that may cause adverse effects to the interest of other WTO Members. Based on Article 5 of the ASCM, the negative impact may be reflected in injuries to a domestic industry caused by subsidized imports in the territory of the complaining Members, serious prejudice that would constitute the harm requirement, and nullification or impairment of benefits accruing under WTO Law. Actionable subsidies are also called yellow subsidies. Measures that may fall into actionable subsidies within EPZs include: exemption from import charges on the importation of raw material, machinery, and any other intermediate input, exemption from municipal taxes, exemption from transaction taxes, and exemption from sales and consumption taxes.

Since 1995 Article 27 of the Agreement provided for an SDT of developing countries in relation to the export subsidy prohibition of Article 3. The SDT is included in Article 27.2 and Annex VII of the ASCM. However, the SDT on the exemptions of export subsidy prohibitions expired in 2013, with the final phase-out period in December 2015. Article 27.2 lists the developing countries eligible for the SDT: those listed in Annex VII of the ASCM[25] and other developing country Members for a period of eight years, from the date of entry into force of the WTO Agreement. Table 1 illustrates the WTO-ASCM SDT classification.

Table 1. ASCM Special and Differential Treatment and the End of the Exemptions

Exemptions to Prohibitions	End of the Exemptions
1. LDCs: Art. 27.2 (a) – Annex VII	Graduation: GNP per capita surpasses the USD$1,000 per year, for 3 consecutive years.
2. Developing countries with a GNP per capita < USD$ 1,000 per year: Art. 27.2 (a) – Annex VII	Graduation: GNP per capita surpasses the USD$1,000 per year, for 3 consecutive years.
3. Other developing countries: Art.27.2 (b) for a period of 8 years.	**2002-2007**: Extensions granted +2 yr. phase-out period by the ASCM Committee **2006**: G/SCM/W/535, G/SCM/W/537 proposal to extend until 2018, no outcome of such proposal. **2007**: ASCM Committee granted final extension until 2013 + 2 yr. phase-out period in Dec. 2015.

Note: Original by author, adapted from the WTO Agreement on Subsidies and Countervailing Measures.

In a post-SDT era, the fiscal incentives granted in EPZs prohibited by the ASCM require amendments in some countries in order for these countries to align with the WTO Law. After December 2015, Member countries referred to in Table 1 that have enjoyed exemptions from the export subsidy prohibition will need to implement compliance remedies. However, despite the required amendments, the compliance remedies may represent fruitful paths for development. Through EPZ laws, countries can

EPZs in a Multilevel International Economic Law   137

C. Exemption or remission of indirect taxes on inputs consumed in the production	Yes	Item (g) and (h) of Annex I and Annex II (Guidelines on Consumption of Inputs in the Production Process)	Eliminate the export contingency factor
D. Subsidies contingent on the use of domestic goods over imported goods	Yes	ASCM Article 3.1 (b)	*Out of the EPZ study scope because EPZs seek tax exemptions on imported goods
E. Subsidies on services	No	The ASCM does not cover trade in services	Promotion of the service sector, e.g. business product outsourcing (BPOs) such as business call- centers

Note: Original by author, adapted from the WTO Agreement on Subsidies and Countervailing Measures.

legally promote product diversification rather than basing EPZ manufacturing activities in labor-intensive, non-dynamic textile assembly. Countries that now enjoy exemptions from the export subsidy prohibition are mainly dependent on labor-intensive textile assembly. With product diversification, countries would consider more elaborate manufacturing processes besides the garment industry, such as the manufacturing or assembly of computer hardware, electronics and automobile components, among others. Likewise,

Table 2. Export Subsidies, Prohibition, and Remedies

Kind of Subsidy	Prohibited by the WTO?	WTO Rule	Remedy
A. Subsidies contingent on export performance, e. g. tariff exemptions, tax exemptions, income tax exemptions	Yes	ASCM Article 3.1 (a) and Annex I (Illustrative List of Export Subsidies)	Eliminate the export contingency factor: relax the export requirement and leave for the domestic market
B. Duty free imports of raw material and intermediate inputs used in the production for exports	No	Footnote 1 to Article 1.1. (a) (1) (ii)	WTO consistent, may remain

the service sector, which requires a higher-skilled labor force, may also represent promising EPZ trade activities. With no EPZ reforms, countries would have no further need to diversify their products, causing them to stagnate in their paths for development. Graduation from the exemption of the export subsidy prohibition, together with product diversification and the promotion of the service sector, will enable countries to upgrade their trade industries. Table 2 synthesizes the prohibitions of subsidies, referring to specific provisions and proposes remedies that can be implemented by developing countries in their EPZ reforms.

Table 3 exemplifies EPZ incentives in a textile assembly model. The table refers to Table 2 by detailing specific imports that contravene the ASCM.

Table 3. EPZ compliance with the WTO: A Textile Assembly Model

Tax exemption on:	Prohibition	WTO provision	Kind of Subsidy (Reference to Table 2)
Processed raw material	No	Footnote 1	B
Consumed fuel	No	Footnote 1	B
Domestic utilized dyes	Yes	Annex I and II	C
Income tax	Yes	Art. 3.1	A
Sewing machines	Yes	Art. 3.1	A
Construction material	Yes	Art. 3.1	A

Note: Original by author, adapted from the WTO Agreement on Subsidies and Countervailing Measures. Exemplification is done in generic terms. The specific incentives granted should be considered in an EPZ case-by-case basis to identify prohibition or non-prohibition.

Though governments need to comply with the MTAs in a post-2015 SDT era, the MTS also needs to offer flexibility in the transition to such reforms until they are compliant with the IEL. Kodama illustrates that WTO Law should grant developing countries the room and flexibility to use policies. More importantly [if SDT are revisited under the WTO in the years to come in a post-SDT era], they should be made more meaningful in order for developing countries to benefit from such flexibility to achieve economic transformation and development.[26]

With the export subsidies prohibition and the end of the SDT, the role played by the WTO-ASCM Committee and the Trade Policy Review Body (TPRB) is relevant to consider. The ASCM Committee clearly expressed that the final extension was the one granted in 2007 for a five-year period, with the additional two-year phase-out period. Relevant countries have been drafting EPZ reforms and considering remedies highlighted in Table 3 to align with the WTO Law. The TPRB of countries implementing EPZs, such as the Costa Rican and Honduran TPRB, have acknowledged the significant importance of EPZs for the export-oriented economies within the trade and development context. However, they have not specifically referred to the legal aspects of fiscal incentives contravening WTO Law.

Ⅳ EPZs and IEL RTAs

At the regional level, RTA provisions have rules that directly affect the regulatory incentives granted in EPZs. A new trend in trade policy is that of including the trade-labor linkage in RTAs. The trade-labor linkage inclusion means that enforceable labor provisions in RTAs can impose monetary or trade sanctions to labor violations that take place in trade activities within the agreement's scope. RTAs have included the trade-labor linkage because, at the multilateral level, the enforcement mechanisms of the ILO are limited to recommendations with no sanctions to be imposed, and the WTO has no enforcement over labor standard violations.[27] One of first RTAs to ever include such provisions was the North American Free Trade

Agreement (NAFTA) labor side agreement, the North American Agreement on Labor Cooperation (NAALC) in 1994. Since then, RTAs worldwide have included enforceable labor provisions within their framework. By 2014, out of 248 RTAs notified to the WTO and in force, 58 agreements included labor provisions.[28]

The direct relationship of RTA trade-labor linkage and EPZs underlines the fact that the regulatory incentives granted by host governments may be implemented as flexible labor law, and such flexibility may give place to labor standard violations. To date, the NAFTA-NAALC has received 39 labor standard violation complaints, 11 of which took place inside Mexican EPZs or *maquiladoras*.[29] Likewise, within the United States-Dominican Republic-Central America Free Trade Agreement (DR-CAFTA) of 2005, two labor complaints have been filed, both alleging freedom of association and collective bargaining violations taking place inside EPZs or *maquilas*. Of the two cases, the 2008 Guatemala – Issues Relating to the Obligations Under Article 16.2.1(a), is quite remarkable for trade policy studies as for the first time in history an arbitration panel was requested within an RTA.[30]

Interviews conducted in maquilas in Honduras revealed that MNCs prohibit freedom of association by encouraging employees to have a "friendly and mutual understanding with employers." Additionally, a 2009 minimum wage increase in Honduran territory excluded EPZs. The purpose of this regulatory incentive was to keep low-cost labor to attract potential investors. The latter was amended; EPZ workers could later enjoy the minimum wage increase.[31] In this way, it is evident that regulatory incentives based on domestic industrial policies may clash with labor provisions included in

RTAs, and with labor standards dictated by the ILO at the multilateral level. RTAs can be stepping stones to achieve EPZ compliance with the IEL. RTAs should be used to aid multilateral trade liberalization and be synergistic with MTS rules in trade and non-trade related areas, such as in labor standard enforcement, to ensure national development.[32] Besides the trade-labor linkage inclusion, RTAs can further contribute to "legalize" EPZs. Legalization could be done on the specific components that would make them non-compliant by violating certain prohibitions of performance requirements under BITs or under an investment chapter of any RTA. Host governments could seek compliance by incorporating possible "EPZ exceptions" to such general prohibitions. Examples can be found in Japan's BITs and EPAs, such as in the Japan-Mexico EPA of 2005.[33] Article 65(2) and (3) of the Japan-Mexico EPA allows a host country to set several types of performance requirements for foreign investors, when they are contingent on provision of favorable treatment to them by the host country. These kinds of provisions can make EPZs comply with the IEL. However, such provisions would only be applicable to RTA members and would need to exclude the export requirements prohibited by the ASCM. The inclusion of these particular EPZ provisions in RTAs represents a good practice in balancing trade and investment liberalization and securing a proper policy space for development.

V   EPZs and International Economic Soft Law

Within the multilevel IEL, international soft law also includes provisions that affect EPZs. Soft law, vis-à-vis hard law, is a quasi-legal, non-binding instrument, voluntarily created, accepted and followed by non-state actors.

International soft law may have various forms. One of the most prominent types is CSR rules such as the CoC. The World Business Council for Sustainable Development (WBCSD) defines CSR as the continuing commitment by business to contribute to economic development while improving the quality of life of the workforce and their families as well as of the community.³⁴⁾ CSR rules encompass the economic, legal, ethical, discretionary, and philanthropic expectations that societies have of organizations at a given point in time. CSR rules directly affect investing companies establishing EPZs. EPZs utilize low-cost labor-intensive manufacturing processes. Companies investing in EPZs want to ensure to the final consumers that the products bearing the companies' label adhere to particular rules that guarantee responsible and clean production processes.

Though soft law CSR rules are private business practices, they are recognized and promoted by international organizations. The Organization for Economic Cooperation and Development (OECD) refers to the "voluntarily and not legally enforceable" rules, encouraging MNCs to pursue CSR.³⁵⁾ Likewise, the International Organization for Standardization (ISO) has introduced ISO 26000 guidelines that recommend CSR policies to MNCs in seven areas.³⁶⁾ A world-renowned CSR CoC is the World Responsible Accredited Production (WRAP). The WRAP is the world's largest facility-based social and environmental certification program, focused on the apparel, footwear, and sewn product sectors. It has a worldwide membership of textile EPZs.³⁷⁾ Companies receive a certification of six months to two years while they commit to comply with 12 principles. The principles are based on core labor standards (CLS) set forth by the ILO, and on social and environmental commitments based on business ethics and responsibility.

Adhering to CoC gives companies a clean corporate image to intermediate and final consumers. This business accountability is quite influential for EPZ success (or failure) in corporate life.

CSR can be promising tools to ensure EPZ compliance with the IEL. However, at present they remain quasi-legal non-binding instruments. A very recent approach and one proposed in the present study is the inclusion of CSR provisions in RTAs. A single example of such a legal framework is the groundbreaking Canada-Peru BIT of 2009. The Treaty contemplates CSR by encouraging the member countries to incorporate CSR into their internal policies: "[E]ach Party should encourage enterprises to include voluntarily internationally recognized standards of corporate social responsibility in their internal policies[.]"[38] The inclusion of CSR in RTAs would enhance EPZ compliance with the IEL. It would counteract labor violations that MNCs may fall into when governments grant certain regulatory incentives in labor law flexibility to attract them. If CSR rules become legally binding instruments, violations can be prevented.

Besides achieving EPZ compliance with the IEL, CSR inclusion would have positive impact to EPZ host governments, MNCs, and the EPZ labor force. The inclusion would first create a partnership between governments and companies to promote social and environmental rules. Such promotion would enhance investment. Coherent CSR provisions agreed at the state level between governments would guarantee legal security to potential investors. With more investment, trade would increase. Furthermore, social responsibility and the accountability of governments and MNCs towards final consumers would be enhanced. In today's world economy, corporate image is essential in determining trade success. Therefore, developing and developed countries that host EPZs would send a strong signal and convey to final consumers their clean production manufacturing activities and protection of workers. Workers would also be protected under the umbrella of such CSR RTA provisions. Though policy space would be eroded in the territories of the signing members of the RTAs, the CSR inclusion would strengthen the networks and build trust among governments, MNCs, the labor force, and final consumers. Incorporating CSR provisions in RTA models would mean recognition of the soft law by the hard law, thus making soft law legally binding for the signing parties. Future RTA drafting and amendments of existing ones may contribute to development by including CSR provisions.

VI Concluding Remarks

The present study has highlighted clashes that exist between IEL rules and the domestic industrial policies of developing countries in light of the EPZs. The analysis identified particular points of reconciliation where MTAs, RTAs, and international soft law can harmonize with EPZ policy and legal framework. Naturally, the policy space of developing countries will erode in a globalizing world. Rules are needed to keep harmony between countries engaged in trade activities in the global economy. However, the use of the proper policy space may lead to development if EPZ host governments implement equitable policies that fit and balance their domestic demands, which can also comply with a flexible multilevel IEL.

In relation to MTAs, even in a post-SDT era, EPZs will continue to exist and to be implemented as significant development tools. EPZ reforms need to include the elimination of prohibited export subsidies, exemptions from direct taxes, and most importantly they should seek product diversification and to promote the service sector. In relation to the regional and international soft law levels, the trade-labor linkage and CSR inclusion in RTAs can lead to the compliance of EPZs with labor and environmental laws and international labor standards. RTAs may represent promising stepping stones in the multilevel harmonization of domestic industrial policies and trade liberalization.

Achieving EPZ compliance with the multilevel IEL will allow trade and investment to increase while guaranteeing commitments to social and environmental standards, leading countries further on their paths of development. Host governments, MNCs, workers in EPZs, as well as the intermediate and final consumers, would benefit from such compliance. Designing and amending a proper EPZ legal framework to achieve compliance with the multilevel IEL will secure the proper policy space that developing countries need in a globalizing world.

1) World Bank, "Export Processing Zones, Policy and Research Series Paper 20," Industry and Energy Department, The World Bank (1992).
2) Baissac, C., "A Brief History of SEZs and Overview of Policy Debates," Ch.2, in *Special Economic Zones in Africa: Comparing Performance and Learning from Global Experience*. (Farole, Thomas, The World Bank, 2011), p.23.
3) Waters, J. "Achieving World Trade Organization Compliance for Export Processing Zones While Maintaining Economic Competitiveness for Developing Countries," *Duke Law Journal*, (2013) Vol.63, p.481.
4) ILO labor standards and ILO Conventions and Recommendations, at http://ilo.org.
5) Basile, A. and Germidis (1984), Madani, D. (1999), and Vargas-Hernández, J. and Nuñez López, V (2011).
6) Torres R., "Free Zones and the World Trade Organization Agreement on Subsidies and Countervailing Measures" *Global Trade and Customs Journal*, Vol. 5, No.2 (2007), pp.217-223.
7) Creskoff, S. and Walkenhorst P. "Achieving WTO Compliance for Special Economic Zones in Developing Countries", Prem Notes The World Bank No. 134. (2009).

8) Gari, G., "Free Zone Incentives in MERCOSUR Countries and WTO Law," *Global Trade and Customs Journal.* Vol. 6, No. 5, (Kluwer Law International, 2011).
9) Shadikhodjaev, S. "International regulation of free zones: an analysis of multilateral customs and trade rules," *World Trade Review* Vol.10, No.2, (2011), pp.189-216.
10) Granados, J., "Export Processing Zones and other Special Regimes in the Context of Multilateral and Regional Trade Negotiations," Occasional Paper 20, IDB (2003).
11) Engman, M., Onodera, O., and Pinali E. 2007. "Export Processing Zones: Past and Future Role in Trade and Development." OECD Trade Policy Working Papers No. 53, OECD Publishing. (2007).
12) Waters, *supra* note 3, pp.482-524.
13) Davey, W. and Jackson J., *The Future of International Economic Law.* (Oxford University Press, 2008) p.1.
14) GATT full legal text, at https://www.wto.org/english/docs_e/legal_e/gatt47_01_e.htm.
15) The Enabling Clause, at https://www.wto.org/english/docs_e/legal_e/enabling1979_e.htm.
16) Keck, A. and Low, P. "Special and Differential Treatment in the WTO: Why, When, and How?" WTO Working Paper (Economic Research and Statistics Division, 2004), p. 4.
17) Matsushita, M., Schoenbaum, T., and Mavroidis, P., "Tariffs, Quotas, and other Barriers to Market Access," *The World Trade Organization Law, Practice, and Policy,* (Oxford University Press, 2006), p.270.
18) Engman *et alsupra* note 11, p.5.
19) Ibid.
20) McCallum, K. 2011. "Export Processing Zones: Comparative data from China, Honduras, Nicaragua, and South Africa." ILO Working Paper Series No. 21, (2011), at: www.ilo.org/publns.
21) Waters *supra* note 3, p.482.
22) Export Processing Zones, ILO official website, at http://www.ilo.org/inform/online-information-resources/research-guides/export-processing-zones/lang--en/index.htm.
23) Grant Thornton, 2011. "Leyes de Beneficios Fiscales y Fomento a las Exportaciones, Centro America y El Caribe," at http://www.gthonduras.com, (as of April 20, 2015).
24) Full text of the ASCM, at https://www.wto.org/english/docs_e/legal_e/24-scm.pdf.
25) The developing countries exempted from exported subsidy prohibition are LDCs and developing country Members in paragraph 2(b) of Article 27, at https://www.wto.org.
26) Kodama, M., 2014. *S&D under the WTO Agreements in the Era of Diversification among Developing Countries,* Ph.D. Dissertation, Nagoya University, at: http://ir.nul.nagoya-u.ac.jp/jspui/bitstream/2237/20470/1/甲10665主論文.pdf.

27) Attempts to include the trade-labor linkage in the WTO have failed. See The First Ministerial Conference Singapore (1996) and The Third Ministerial Conference Seattle (1999), at https://www.wto.org.
28) International Labor Organization official website, at http://www.ilo.org.
29) Submissions under the NAALC, at http://www.dol.gov. (as of May 5, 2015).
30) Guatemala Submission under the DR-CAFTA, at http://www.dol.gov.
31) Interview was carried out in Honduras in 2010 with authorities from the Honduran Maquila Association, the Maquila "Zona Libre de Tegucigalpa" and the Maquila "Fruit of the Loom".
32) Estevadeordal, A., Suominen, K., and Volpe, C., "Regional Trade Agreements: Development Challenges and Policy Options" (2013), at http://e15initiative.org.
33) Japan-Mexico Economic Partnership Agreement, full text, at http://www.mofa.go.jp.
34) World Business Council for Sustainable Development , at http://www.wbcsd.org.
35) Guidelines for Multinational Enterprises (2011), p.17, at http://www.oecd.org.
36) ISO 26000 Social Responsibility, at http://www.iso.org.
37) Worldwide Responsible Accredited Production - WRAP, at http://www.wrapcompliance.org.
38) Corporate Social Responsibility and Regional Trade and Investment Agreements, UNEP (2011), p.25, at http://www.unep.ch.

(名古屋大学大学院国際開発研究科博士後期課程)

論　説　自由論題

米国海外腐敗行為防止法(FCPA)の域外適用と各国の対応

内 田 芳 樹

I　はじめに
II　米国海外腐敗行為防止法（FCPA）の日本企業への適用状況
　1　M.H氏（ブリヂストン International Engineered Products Department 部長）事例
　2　ブリヂストン事例
　3　日揮事例
　4　丸紅 No.1事例
　5　丸紅 No.2事例
III　共謀罪による管轄権の拡張に関する分析
　1　管轄権拡張手段としての共謀罪
　2　Pinkerton Liability, 故意要件と Respondeat Superior の適用効果
IV　共謀者（共犯者）の自白と司法取引等（Plea Agreement, DPA 等）の問題点
　1　ナイジェリア案件の時系列と関係者処罰状況
　2　司法取引等に際し被告が放棄させられた裁判上の諸権利
　3　司法取引等（Plea Agreement, DPA, NPA）の問題点
　4　二重・三重処罰の問題点
V　各国立法・条約・協定等の状況
　1　米国 FCPA（Foreign Corrupt Practices Act of 1977, 1977年海外腐敗行為防止法）
　2　OECD 外国公務員贈賄防止条約（1998年）等
　3　国際連合腐敗防止条約（United Nations Convention against Corruption）2005年発行
　4　G20ソウルサミット首脳宣言「G20腐敗対策行動計画（2010年11月）」他
　5　国際開発金融機関からの出入り禁止阻止（cross debarment）や罰金賦課の可能性
　6　その他
VI　まとめ

I　はじめに

　自国法の域外適用の根拠としては，我が国では従来，属人主義・属地主義・

効果主義に基づく理解がなされてきたが，米国海外腐敗行為防止法（Foreign Corrupt Practices Act，以下「FCPA」と称する。）の運用においては，上記に加え（それぞれを拡張する形で）共謀罪（conspiracy）及び幇助罪（aiding and abetting）を用いた域外適用が相当多数なされており，既に複数の日本企業が米国司法省からFCPA適用による処罰を受けている。

本稿では，かかる実態と共に，我が国でも立法論として問題となっている共謀罪（conspiracy）理論の実際の適用事例，特にPinkerton Liabilityにより一旦合意があった事項については，共犯者の贈賄行為が被疑者個人の行為認定に至る事実，及び使用者責任（Respondeat Superior）理論により，一従業員の行為が企業全体の刑事責任に及ぶ事実とその制度濫用の可能性についても指摘したい。また，共謀罪よりも処罰対象企業を広げる可能性がある幇助罪（aiding and abetting）が適用された事例も多い。

さらに，贈賄罪に対する米国以外の各国の対応は，OECDの外国公務員贈賄防止条約や国連腐敗防止条約等に加え，リーマンショック以降のG20の度重なる反贈賄声明もあり，特に2012年以降は各国の立法・執行機関の強化や劇的な贈収賄の取締り事例の増加が見られる。即ち，国際的には共謀罪等の適用を含め贈賄罪の域外適用に対する許容的姿勢が既に確立し，新たな国際的な共通概念が確立してきたと言える。特に欧州主要諸国（英・独・仏）は，米国司法省に対し積極的に自国企業の情報を提供し，また被疑者（個人）を米国との犯罪者引渡条約に基づき米国当局に引き渡して贈賄罪立件に協力している他，米国司法省の立件・処罰後，各国が自国法に照らして自国企業に多額の罰金を科した事例も多い。

これらの動きは，収賄者が所在する発展途上国においても最近は被疑者企業が処罰され，また国際開発金融機関（世界銀行，国際金融公社，アジア開発銀行，欧州開発銀行，米州開発銀行，アフリカ開発銀行等）も被疑者企業又はその関連企業に対し，独自の審査を経た上ではあるが，共通取引停止処分（cross debarment）や企業への罰金を科す事例も複数あり，国際開発金融機関による反贈賄取締執行が強化されている事実と相まって，国際取引に従事する企業・個人にとって重要なリスクファクターとなってきている。

　結果として，米国発のFCPAの概念が，①複数の国際条約の立法・普及等の過程を経て，②米国によるFCPAの域外適用事例の増加（各国協力による米国への犯罪者引渡し事例の増加）と執行強化が世界的に認容される（むしろ米国を範とする）流れを生み，結果的に③世界各国の法制度の変化と全世界的な反贈収賄処罰の執行増加をもたらしている。これは，1980年代に米国独禁法等の域外適用開始時に欧州諸国等が反発し，証拠提出を禁止する反域外適用法立法が見られた状況と大きく異なり，むしろ米国主導で米国呈示の反贈賄法概念に基づいた新たな国際的法体系と秩序を国際社会の合意の下，比較的短期間に作り上げることに成功している事例であると言える。

　即ち，米国における贈賄企業・個人に対する厳しい犯罪追及と多額の罰金賦課が刺激となって，欧州や中国，東南アジア諸国等での贈収賄処罰を活性化させ，インドやブラジルのように支配政党が当初贈収賄処罰に消極的であった国々では，新たな立法をもたらしたのみならず，政権交代や支配政党の政権の不安定化まで招く事態を作り出している。

Ⅱ　米国海外腐敗行為防止法(FCPA)の日本企業への適用状況

　日本人及び日本企業に対するFCPAの適用事例は，2014年11月までの時点で以下の4件であるがいずれも共謀罪（Conspiracy）が訴因として挙げられている。

1　M.H氏（ブリヂストン International Engineered Products Department 部長）事例[1)]

2008年12月10日，司法省との Plea Agreement（司法取引協定）が締結されて

いる。同氏は次例で説明するブリヂストン米国子会社の東京本社の管理者の立場であった。当該米国子会社は北米及び中南米におけるマリーンホース等の販売を担当していた。同氏（日本人・日本居住者）は2004年1月～2007年5月の本社部長任期中の米国独禁法違反及び贈賄行為に対する処罰として，Plea Agreementで収監（imprisonment）2年，罰金（fine）8万ドルの支払いに同意した。違反行為の内容は，マリーンホースの世界市場分割と，その結果割当てられた中南米市場での現地政府高官に対する代理店経由の贈賄である。同じく市場分割に参加したが，殆ど市場割り当てを受けられなかった同業者の司法省宛てレニエンシー申請とその後のおとり捜査への協力により摘発された模様である。[2]

同氏の information（略式起訴状）に記載された訴因は以下の通りである。

> Count 1: Conspiracy to Violate Sherman Act; 入札談合，価格協定，市場シェア分割行為。米国内での会議参加，等。
>
> Count 2: Conspiracy to Violate the Foreign Corrupt Practices Act; 本社担当部・米国子会社管理の立場。中南米諸国（アルゼンチン，ブラジル，メキシコ，エクアドル，ベネゼエラ）の代理人と接触して彼らの賄賂支払いを承認した。

2　ブリヂストン事例[3]

2011年9月15日付で Plea Agreement 締結。本件は上記1 M.H. 氏事例の所属企業に対する刑事罰である。内容は米国独禁法（Sherman Act）違反及び FCPA（Bribery Clause）違反，罰金28百万ドル。Information 記載の訴因は以下の通りである。

> Count 1: 価格協定及び世界市場シェア維持の共謀（Conspiracy to Violate the Sherman Act）

Count 2: Conspiracy to violate the Foreign Corrupt Practices Act。ここ
　　　での共謀者はブリヂストン米国子会社及びその従業員，代理店
　　　等である。

3　日揮事例[4)]

　2011年4月6日付司法省との Deferred Prosecution Agreement ("DPA"[5)]) 締結。期間2年7日，罰金218.8百万ドル。

　本件ではナイジェリア Bonny Island における LNG Project で米国 Kellogg Brown & Loot LLC ("KBR")，フランス Technip, S.A. オランダ Snamprogetti Netherlands N.V. 及び日揮を含む4社の LNG 関連 Joint Venture である TSKJ, その他関係者による現地政府高官への賄賂支払い（3,980万ドル）を認定した。賄賂支払い期間は1994年から2002年。日揮に対する Information 記載の訴因は以下の通り。

　　　Count 1: FCPA 違反（贈賄条項）の共謀
　　　Count 2: FCPA 違反（同上）の幇助（Aiding and Abetting）

4　丸紅 No.1 事例[6)]

　2012年1月17日付司法省との DPA。期間2年7日。罰金54.6百万ドル。丸紅は上記ナイジェリアの LNG Project で4社の J/V である TSKJ および4社の代理人との扱いである。Information 記載の訴因は以下の通りである。

　　　Count 1: FCPA 違反（贈賄条項）の共謀
　　　Count 2: FCPA 違反（同上）の幇助（Aiding and Abetting）

5　丸紅 No.2 事例[7)]

　2014年3月19日付 Plea Agreement である。上記の丸紅 No.1 事例に基づく

DPA期間満了直後に新たにPlease Agreement締結がされた。丸紅No.1事例とは全く別件で，No.1事件のDPAの期間延長ではなく，Plea Agreement中でGuilty Plea（有罪を認める答弁）を行った上，88百万ドルの罰金支払いで合意した事例である。

本件はインドネシアTarahan電力発電Projectに関し，2002年から2009年にかけ，フランスAlstom社/その米国子会社・役職員，米国代理店・インドネシア代理店によるインドネシア国会議員や国営企業幹部に対する賄賂支払に関し丸紅の共謀を認定したものであり，Information記載の訴因は以下の通りである。

 Count 1: 共謀罪
 Count 2: 8件の個別の賄賂代金支払い（代理店に対する支払い）

Ⅲ　共謀罪による管轄権の拡張に関する分析

1　管轄権拡張手段としての共謀罪

まずConspiracy概念の適用による管轄権拡張を行うことは，理論的には，
① 属地的に管轄権が発生した者の共謀者
② 属人的（domestic concern）に管轄権が発生した者の共謀者[8]
③ 発行者（issuer:）[9]の共謀者

いずれに対しても可能であり，また実際のそれぞれの適用事例が確認できる。また共謀罪は「独立した犯罪」であるとされる。即ち日本法上，贈収賄は必要的共犯であり，贈賄者と収賄者が共に立件される必要があるが，共謀罪の場合は共謀者の内の一人が実行行為に至れば全ての共謀者の起訴が可能であり，更に一部の人物（含む法人）のみの起訴・処罰も可能である。このことは，例え贈賄の主犯者や他の共犯者が米国の管轄外にいて取り調べ，逮捕・収監が困難であっても，起訴し，有罪判決を導き出せる点で極めて便利であると言える。

アゼルバイジャンの国営石油会社民営化に係る Kozeny 事例[10]のように主犯（チェコとアイルランド二重国籍，バハマ居住者）が米国出頭を拒み，また所在地法の関係で米国へ出国できない事例等でも効果が発揮できる。但し，Kozeny 自身は，米国人投資家の代理人として扱われるため彼自身が米国人でなくとも domestic concern（属人主義）に対する米国管轄権に基づいて，FCPA が適用されるとしている[11]。いずれにせよ，株主に米国人がいることを理由として，その代理人である法人代表者（非米国人・非米国居住者，米国領域内で何ら FCPA 違反行為を行っていない）を起訴し，その共犯者を処罰したユニークな事例と言える。

2　Pinkerton Liability，故意要件と Respondeat Superior の適用効果

(1)　Pinkerton Liability とは何か

共謀罪の適用に際してまず注意すべきは，日本法上は共謀罪に近いといわれる共謀共同正犯でも共犯者間の故意の合致と犯罪の実行行為が必要とされるのに対し，共謀罪は共謀の範囲が広く，また実行行為（overt act）の認定も緩やかである点である。この理論は Pinkerton 兄弟の脱税共謀事件に関して，連邦最高裁判所は共謀者が犯罪行為の実行に直接に参加した証拠がなくとも，他の共謀者が共謀の結果合理的に予想できる違法行為を遂行した場合は，当該違法行為に対する責任が認定されるとしたことから生じた[12]。なお，注意すべきは幇助罪では，共謀が認定できなくとも犯罪行為を認定できることである。即ち共謀が併せて問われた時，共謀に基づいて実体犯罪が行われたか否かは幇助罪に関しては違いを生じないこととなる。Pinkerton ルールは，その適用範囲に於いて狭いが，幇助罪はもっと広い。

Pinkerton ルールの責任論は日本法上，通説は被告の犯罪実行行為が無い点で容認できないとの立場であり，日本国の判例法上確立された共謀共同正犯理論でも犯罪予見可能性を含めここまで広く処罰することは困難な事例が多いと

思われる。その結果，共謀罪処罰を求める国連反贈賄条約等を日本は批准すべきでないとの意見が学会・法曹界では多数であるとされる。更に，共謀罪を学んでいない企業法務関係者の認識不足から，民間企業の内部統制上の規制からも共謀者と目されうる国際的なジョイント・ベンチャー（「J/V」）代理店契約等で相手方への適正な管理体制が取られず，結果として日本企業処罰に繋がる主要な原因の1つとなっているのではないか，と筆者は懸念する。

(2) 贈賄者の故意要件「Knowingly」（実際に知っている場合と「知り得べき場合」とが含まれる）

日本企業が特に注意を要するのは，共謀罪において「故意」が要求される場合であっても，故意の中に「知り得べき場合」が含まれている事例である。これは，故意の証拠提出にあたって当然わかっていたであろうに「故意がなかった」と主張する被告人対策として発展した法理であるが，語学力に問題がある日本企業担当者にとっては，「当然気づくべき」場合でも気づいていなかった場合はどうなのか，という問題を提起してしまう。[13]

(3) Respondeat Superior（使用者責任）

さらに日本企業にとって問題となるのは，日本の民法（715条）で認められている使用者責任が，米国法（FCPA）上は，刑事責任にも適用されることである。これは，

① 親子会社間で代理関係（Agent Relationship）を問う

② 子会社の行為及び知っていたこと（Knowledge）は親会社に帰着させる

③ Respondeat Superior では，企業は従業員を含む Agent の行為については，

(i) Within the scope of employment and intended（従業員の業務範囲である）

(ii) At least in part, to the benefit of the company（例え一部でも企業に利益が生ずる）

という要件を満たせば親会社は，Agent（代理）関係が成立する場合，子会社の従業員の贈賄についても責任を有する。[14]

(4) 企業責任の発生

上記(1)〜(3)の結果，一従業員が自らの業務範囲においてJ/V相手方や代理店等が賄賂支払いを行っていた場合，例え当該従業員が賄賂支払い事実を知らなかったり，気づかなかったと主張しても，それが「知り得べき場合」で「当該企業に当該取引からなんらかの収益」が認められると，FCPA違反が認定される。外国語が不得手な担当者が当然気づくべきJ/V相手方や代理店等の賄賂支払いにも気付かず，共謀罪が成立すると，代理責任により賄賂支払いを禁止し，従業員による不正支払いを検証していた本部や本部役員等にも共謀罪の処罰は及ぶことになるが，このようなリスクを考慮した内部監査や内部通報制度等を設けている日本企業は，非常に数が少ないと思われる。尚，理論的には共謀罪に限らず，幇助罪でも処罰拡大は行なわれるが，あまりに処罰範囲が拡張されることが懸念されることもあってか，現状司法省による幇助罪の適用は限定的にしか行なわれていない模様である。

Ⅳ　共謀者（共犯者）の自白と司法取引等
（Plea Agreement, DPA等）の問題点

では実際に共謀罪による処罰事例で，前述のナイジェリアLNG Project案件で関係者がどのように米国当局に捜査され，処罰されたか，時系列的に見ていきたい。本件は，当時としては関係者全ての刑事罰金が17億ドルを超え，現時点でも史上最高額であると同時に，実際に日本企業2社が刑事処分を受けた事例である。

時系列的に見ると，本件に関しては1990年代の贈賄行為につき，当該事業が2004年まで継続したことから，時効（5年）起算点を2004年に起き，英米人・英米法人を2009年初までに処罰したのち，外国企業（仏・蘭（伊）・日）に対し

ては更に5年以上かけて「芋蔓式」に立件している。これは処罰を主に行った米国司法省としては，外国人・外国法人は米国外に所在しているため，米法上は時効が停止しているとの立場を取っていると説明されている。

1 ナイジェリア案件の時系列と関係者処罰状況[15)]

表 ナイジェリア案件関係者処罰時系列リスト

単位：百万ドル

	社名・氏名	国籍	法的地位	結果公表月	SEC罰	司法省罰	総計	DPA	DPA期間
1	Albert "Jack" Stanley	米国	国内関連者	2008年9月	—	10.8	10.8	収監	30ヶ月*
2	KBR/Halliburton	米国	国内関連者	2009年2月	177	402	579	無	3年**
3	Jeffrey Tesler	英国	Agent	2009年3月	—	約149	約149	収監	21ヶ月
4	Wojciech J. Chodan	英国	Agent	2009年3月	—	約0.7	約0.7	保護観察	1年
5	Technip SA	仏国	発行者	2010年6月	98	240	338	有	2年＋7日
6	Snamprogetti/Eni	蘭国/伊国	親会社が発行者	2010年7月	125	240	365	有	2年
7	日揮	日本	共謀者	2011年4月	—	218.8	218.8	有	2年＋7日
8	丸紅	日本	Agent	2012年1月	—	54.6	54.6	有	2年＋7日
	合計				400	約1,315.9	約1,715.9		

*出所後更に3年間，特別な監督下に置かれ，また裁判所管轄地域外へ出ることが許されない事例であった。
**Plea AgreementによりCompliance Monitorを3年間雇うことが求められた。

各種報道によれば，本件主犯である米国KBRのCEOであったAlbert Jack Stanleyは，自己の刑期を減刑すべく司法当局と必死の交渉を繰り返し行い，その過程で他の共犯者に関する情報を多く提供している。司法省としては，主犯で時効が早く到来するStanley, KBRと賄賂資金運び屋で英国弁護士のJeffrey Tesler更にKBRの英国子会社役職者（Vice President）のWojciech J Chodanに対するPlea Agreementを順番としては早めに締結している。なお，TeslerもChodanも共に米英間の犯罪者引き渡し条約により英国から米国に

引き渡され，取り調べを受けている。両人とも英国人としてロンドン高等裁判所で引渡しを行わないよう申し立てたが，犯罪者引渡し条約を理由として認められなかった。また，Tesler は個人の FCPA 違反の課金としては最高の1億4千9百万ドルを賄賂の運び屋としての報酬金の没収 (forfeit) 金額として支払っており，他に少額の罰金 ($25,000 fine) も支払っている。尚，Chodan の処罰が軽いのは，裁判時の70歳超の年齢のため現実に収監は厳しい，との判断からではないかと思われる。

次に，フランスの新聞が最初に本件疑惑を報じ，本件の調査の発端となったフランスの Technip 社に対し，米国上場企業 (issuer) であることを理由に捜査・取り調べを行い DPA を締結，次いでオランダ籍（実態はイタリア）のパートナーをやはり issuer として DPA 締結に持ち込んだ。なお，KBR もオランダパートナーもそれぞれの親会社である Halliburton（共和党の前副大統領 Cheney 氏が CEO を務めた企業）および Eni（イタリア最大のエネルギー会社で贈賄の噂が絶えない）をそれぞれの子会社の DPA 締結に際し，親会社と連名とすることにより，親会社とその関係会社全てに DPA の効果を生じさせる効果を狙っている，と思われる。実際に Halliburton も Eni も後日 FCPA 違反の嫌疑で捜査を受け，他の違反行為を問われており，特に Eni 会長 (Paolo Scaroni) は別件（アルジェリア）での贈賄案件の捜査を受け，結局環境規制違反を理由にであるがイタリア国内で禁固3年の有罪判決を受けている。

最後に日本企業日揮と丸紅 No. 1 に関しては，米国企業でもなく米国上場企業でもないが，conspiracy を理由に FCPA の管轄権拡張がなされている。もっとも丸紅 No. 1 については，米ドルでその報酬を受け取り，丸紅が自らの報酬関連の FAX を在米の Stanley とやりとりしていた経緯があるので，conspiracy のみでなく直接的な属地主義の適用もあると言えるが，その information（略式起訴状）では，conspiracy を理由として FCPA の管轄権の拡張が認められたと読める。特に日揮の場合は，丸紅のような直接的に属地主義による

管轄権拡張事情もないため，より明確に conspiracy による管轄権拡張の事例と言える。

いずれにせよ，日揮も丸紅も犯行後（案件取得のための贈賄なので1990年代，特に DPA 記載事実からは1994年から1997年にかけて行われていたと推定される）10年以上たってから実際の捜査が行われており，反証も証人も十分に提出できない状況であった。更に日本企業に関しては，不正競争防止法改正により外国公務員に対する贈賄が犯罪として処罰されるようになったのは1999年2月からであり，それ以前の贈賄行為加担（が実際にあったとしても）は，当時の日本法の下では罪にならない状況であった。更に，司法省は丸紅に対する支払い代金全てに贈賄資金が含まれたとの立場を取っているが，丸紅が賄賂を支払った相手とされる中下位の公務員について，いつ誰に対する賄賂でいくら払われたかとの具体的な記載は，少なくとも司法省が公表した文書には一切見当たらない。

2　司法取引等に際し被告が放棄させられた裁判上の諸権利

日揮・丸紅 No. 1 の事例は他の共謀者の処罰後に捜査を受け，またその DPA（起訴猶予契約書）の最初の部分で以下の権利を放棄させられている。

(ｱ) 起訴される権利（right to indictment）

(ｲ) 迅速な裁判を受ける権利（rights to speedy trial pursuant to sixth amendment to the Constitution）

(ｳ) 法廷地について争わず，略式起訴状の提出も争わない。

また丸紅 No. 2 の Plea Agreement では，有罪答弁に関する理解（弁護士と相談した等）文言に加え，以下の権利が放棄させられ，または約束させられている。以下要約する。

① 無罪の主張を行い，その主張を継続する権利

② 陪審裁判を受ける権利

③ 弁護士に代理してもらう権利

④ 裁判を受け，敵対的な証人に対峙し反対尋問を行い，自己負罪（self-incrimination）の強制から守られること，証拠を証言し提出すること，および証人の出廷を強制する権利

⑤ 上告する権利

⑥ 裁判に関し付随する権利（例，効果的な弁護を受けられなかったとの主張）

⑦ 本件に関し合衆国政府機関が有している捜査・起訴資料の提出を求めない（Freedom of Information Act や Privacy Act で請求可能なものも含め）

⑧ 時効（本来5年）の主張および裁判地（Venue）の不適切性について争わない

3 司法取引等（Plea Agreement, DPA, NPA）の問題点

現在米国での刑事事件は，97％以上は Plea Agreement により正式裁判なしで検察当局と被疑者との交渉の結果が行われており，また統計数字はないが訴訟代替手段である DPA や Non Prosecution Agreement（不起訴合意，「NPA」）も相当件数締結されている。Plea Agreement や DPA が裁判所の許可を必要とし，Information（略式起訴状）と共にその内容は公表されるのに対して，NPA は起訴猶予であるため裁判所は関与しないし，内容の公表は行われないことも多い。[19]またいずれも時効の効力も無視されうるし，正式裁判では使えない不適法な盗聴やおとり捜査等による違法収集証拠も使われる可能性がある。

但し，特に DPA や NPA は期間が限定され，その間に当該企業の内部統制やコンプライアンス改善が求められ，期間中で改善の実効性が認められないと期間延長等も行われる。[20]これらは我が国における企業向けの業務改善命令と同様の効果が期待されるものであるため，米国でも検察（司法省）当局からは好まれる傾向にある。連邦議会は2009年に DPA/NPA の動向を監視するレポートをその調査組織である GAO（Government Accountability Office）経由で公表しており，また現在 DPA/NPA を検証する法案（the Accountability in Deferred[21]

Prosecution Act of 2014, HR 4540) が連邦議会で審議中であるが，裁判所の DPA/NPA の内容検証・介入を可能とし（NPA は新たに監視対象となる）ているとのことである。

以上に見られるように，DPA ないし Plea Agreement 締結は，正式裁判を受けない司法取引であるため，裁判上の刑事事件とは異なり，被告の相当の権利放棄が行われているのが通常である。なお，司法取引の結果，行われる取引の内容は

① 罪状取引（Charge Bargain）
② 刑期取引（Sentence bargain）
③ 事実認定取引（Fact Bargain）

に分類される。特に，③の事実認定取引では，灰色（場合によっては白）の場合でも，検察（司法省）当局との争いが不適だと考える法人・個人がいる限り，現実には無罪の法人・個人に対する処罰が行われることとなってしまう。

また共犯者の自白による芋蔓式起訴が行われる一方[22]，通常裁判で行われる反対尋問は許されておらず，共犯者のあいまいな記憶や誤った思い込み，更には悪意の誣告に対しても裁判所で見られる直接対決方式による事実確認は，通常は許されていない。また予断や偏見に基づく捜査が行われても，反証は困難であり，判事や陪審員による評価も行われない。しかし，正式裁判による時間と費用の問題や，裁判の公正性の問題も考慮すると米国世論は Plea Agreement や DPA/NPA に対し肯定的な捉え方を行っているものも思われる。また，英国では Serious Fraud Office（"SFO"）と Crown Prosecution Service が公表した Deferred Prosecution Code が2014年 2 月より施行された等，DPA 制度の他国へ制度が波及する状況も見られる。

いずれにせよ，後述の通り米国当局との紛争は，その報道がなされると自社の株価を著しく下落させ，CSR（企業の社会的責任）やコンプライアンスを重視する取引先企業から取引制限を受ける可能性があり，米国政府入札の際は紛争

内容を開示することが求められるほか，後述のように国際開発金融機関からの取引停止や他の政府機関からの取引停止を求められる可能性を考えると，現実には起こせないとの判断に至るものと思われる[23]。

4 二重・三重処罰の問題点

なお，贈賄企業・個人にとっては，自国及び米国による刑事罰に加え，収賄者所在国による贈賄者に対する処罰が問題となりうるし，実際に日本企業が対象となった事例でも，ナイジェリア検察と Technip，日揮がナイジェリア政府に対する罰金の支払いについて協議している旨の報道が見られる[24]。また2010年12月初旬に同国の経済金融犯罪委員会（the Economic and Financial Crimes Commission）の刑事訴追担当者 Godwin Obla 氏は各社から少なくとも各150百万ドルの支払いを求めることが公正（fair）だと考えているとの報道も見られる。

これらの請求に対する結果報道はなされていないが，この類の交渉は秘密裡に行われることが常であり，恐らく各社は150百万ドルよりは少ない金額で和解したものではないか，と推定される。（根拠：各社ともナイジェリア拠点は残している）。またこれらと併せて前ナイジェリア国大統領 Olusengun Obasanio に対し，マネロン関連の6つの訴因に基づく訴訟も提起されている（同年10月）。なお，ナイジェリア政府は，米国政府（司法省・SEC）に対し，国連条約に基づき関係資料の提示を求めたが，米国政府はナイジェリア現政府の腐敗を理由に証拠提示を拒否した模様で，ナイジェリア政府が立腹したとの報道も見られる[25]。実際に各国間で国連条約等による情報交換は行われているが，特定国通しでは実現しない場合があるし，情報交換が実施される場合でも，どの国にどこまで情報提供を行うかは個別の事情で異なるものと推定される。

また，自国での処罰と米国での処罰が同時に起こりうる米国上場の外国企業の場合（例，ドイツシーメンス，フランス Alstom 等）は，米国も含めた三重処罰

の可能性があり、実際に多くの欧州企業が処罰を受けている。

V 各国立法・条約・協定等の状況

米国 FCPA 成立後、米国企業の競争力がそがれることを懸念した米国議会の要求により、米国政府が OECD や国連に対し強い働きかけを行った結果、OECD と国連でそれぞれで反贈賄条約が成立し、多くの加盟国が批准している。それぞれの条約では条約批准国は、国内での外国公務員に対する贈賄防止法を制定・変更する義務があり、結果として多くの国で贈収賄を処罰する法律が立法され、また実際に贈収賄者を処罰する事例が激増している。以下、主要なものを説明する。

1 米国 FCPA (Foreign Corrupt Practices Act of 1977、1977年海外腐敗行為防止法)

本法の特色は、ロッキード事件（日、伊）及びウォーターゲート事件が契機となって問題とされた企業の裏金取締対策として制定されたが、法律としては米国証券取引所法（1934年法）の一部である。従って、FCPA には贈賄行為処罰条項と会計処罰条項（不正確な記帳及び内部統制整備義務違反）が含まれている。本法改正は1988年と1998年であり、前者の改正の際、OECD への条約制定の働きかけを大統領に義務付け、後者の改正では出来上がった OECD 条約（1997年）の内容との整合性を持たせた。

2 OECD 外国公務員贈賄防止条約 (1998年) 等

本条約は、97年11月に OECD にて採択され、同年12月にパリで行われた閣僚レベルによる署名式において、日本を含む33ヶ国が本条約に署名、99年2月に発効した。

2013年5月現在、40ヶ国が批准済で日本は、条約上の義務履行を不正競争防

止法改正で対応した。

なお，OECD は他にも「紛争鉱物のサプライチェーンに関するデューデリジェンスガイダンス（OECD Due Diligence Guidance for Responsible Supply Chains of Minerals from Conflict-Affected and High-Risk Areas）2011年5月勧告」（法的拘束力無し）でもサプライチェーン内での贈賄リスク検証を加盟国企業に求めている。

その他の地域国際条約としては，時系列的に以下のものがある。

・1996年3月 Inter-American Convention Against Corruption
・1997年5月 Convention on the Fight against Corruption involving Officials of the European Communities or Officials of Member States of the European Union
・1999年1月 欧州評議会閣僚委員会 the Criminal Law Convention on Corruption
・1999年11月 African Union Convention on Preventing and Combating Corruption

3 国際連合腐敗防止条約（United Nations Convention against Corruption）2005年発効

本条約は，2003年10月の国際会合を経て国際連合決議58/4によって採択された，公務員，外国公務員，国際公務員による汚職と資金洗浄含む経済犯罪を防止するための条約である。

本条約は2014年9月現在，172の国・地域が署名済でうちほとんどが批准済である。尚，人口100万以上で未批准は，日本・ドイツ・シリア・ニュージーランドの4ヶ国，署名もしていないのは北朝鮮・チャド・ソマリア・南スーダン・エリトリアの5ヶ国である。但し，共謀罪で躊躇していたドイツも9月に議会が批准決議との報道が有り[27]，ニュージーランドも近日中に追随の見込みで

あると報道されているため，日本は北朝鮮やソマリア等の署名すら行っていない国と同列に扱われるリスクが生じている。

本条約では国家間の協力義務（防止・捜査・起訴）を定め，裁判証拠収集や犯人の送還，等の司法共助を定めている他，贈賄資金の追跡，凍結，押収，没収等の手段の確保が求められている。共謀罪規定もあり，それが日本政府が本条約を批准できない原因であると報道されている。

なお，企業に対し直接参加を呼び掛ける国連グローバルコンパクト（1999年）は，2004年に改正されその10番目の原則として腐敗防止が組み入れられている。

4　G20ソウルサミット首脳宣言「G20腐敗対策行動計画（2010年11月）」他

これらの宣言に応える形で中国（2011年），ロシア（2011年），メキシコ（2012年），ブラジル（2014年）等，外国公務員に対する処罰立法が実施されている。併せて各国における贈収賄処罰事例も急増している（特に中国）。反贈賄立法対応を怠ったインドでは，首都で反贈賄を掲げる政党が市議会第1党になった他，収賄体質が嫌われた国民会議派が政権を失ったと言われている（2014年）。

5　国際開発金融機関からの出入り禁止阻止（cross debarment）や罰金賦課の可能性

世銀グループ（世界銀行，IFC，アジア開発銀行，欧州復興開発銀行，米州開発銀行グループ，等）は，独自の判断で贈賄行為を行っている企業に対しては，集団での取引停止（cross debarment）が行われる。これは米国当局によるFCPA適用で自動的に行われるわけでなく，世銀等で独自審査を行った上で決定しているとのことである。実際に日揮のナイジェリア現法は，2014年3月にアフリカ開発銀行からcross debarmentの宣告を受け，日揮の本社は5.2百万ドルのfinancial penaltyを課されている。[28] なお，同じくアフリカ開発銀行からKBRはUS$6.5百万，SnamprogettiはUS$5.7百万，Technip S.A.はUS$5.3百万の

罰金を受けている。

6 その他

FCPA 違反企業と認定された場合は，以下の点に注意する必要が生じている。

(ア) JBIC（国際協力銀行）の融資，NEXI（日本貿易保険）の付保に直接影響が及ぶ。JBIC は融資に際して，世銀グループ等から debarment 措置を受けていないことを確認する条件で融資を行っている。NEXI についても同様である。[29]

(イ) 各国・各地域・各機関から訴訟等を提起される。

社名が公表されると，当該案件は勿論，他の案件でも同様の問題を犯していないかとの捜査の対象となりやすい。例として前述の通りナイジェリア LNG 案件のオランダ Snamprogetti 社の親会社のイタリア Eni およびその経営者に対しては，アルジェリアの案件等に関しイタリア国内等で捜査が行われ，経営者に対する当該案件での起訴が準備されている。

(ウ) JICA（国際協力機構）による排除措置。

丸紅 No. 2 事例の公表後[30]，JICA は丸紅に対する措置として9ヶ月間資格停止を公表している。結果として丸紅は当該期間中 JICA との契約当事者になれず，また JICA と契約する共同事業体の下請けにもなれないとされる。また同社は，他の JICA グループ機関からも同様に締め出されている。

(エ) 民間企業同士のデューデリジェンスの必要性の発生。

民間企業でも FCPA 違反企業とされると取引制限をかけられる可能性があるため，企業は対応を迫られている。また J/V，代理店等に違法行為を行う相手方を選ぶと問題に引き込まれるためデューデリジェンスを行い，その記録を残すことが必要な他，代理店等の適正な管理・監督・教育等が

求められるようになってきている。

VI まとめ

　かつて（1970年代）米国独禁法の域外適用が問題となった際，日本を含む各国は域外適用に反対し，欧州では反域外適用法令が実施され，米国への証拠提出が禁止または制約される事態が生じたことがあった。これに反し，FCPAに関しては，米国のFCPAの概念をベースに多国間の条約締結を促し，条約に基づいて各国での反贈収賄立法を促す米国の戦略が功を奏している。特にリーマンショック以降の国際的なマネーロンダリング取締まりの国際世論に支持される形で，米国の戦略は成功し，新たな国際法秩序を形成してきている。

　日本では，海外では既に広く周知されている共謀罪の活発な利用や贈賄者に対する厳しい処罰状況について十分周知されておらず，また学会での研究や法学教育の分野でもここ数年急速に進化している実務について十分に研究・教育が行き届いていない状況で，我が国の国際的な進出企業にとっては，問題発生リスクが高まるだけでなく，専門家の不足による必要以上の重罰化リスクが発生してきている。

　米国主導の外国公務員に対する贈賄処罰の流れらは国際法の形成・普及事例として興味深い事例であるとともに，国連の腐敗防止条約批准にかかる我が国での共謀罪採択反対議論に見られるように，本稿は日本の官民における国際法秩序変化に対する適応能力が極めて不十分な現状を報告するものである。

1)　http://www.justice.gov/criminal/fraud/fcpa/cases/hiokim.html 参照。
2)　この分野では比較的多くの研究論文が発表されているが，例えば北博行「我が国独占禁止法と国際カルテル」早稲田大学大学院法学研究科，博士学位申請論文審査報告書（2014年2月）http://dspace.wul.waseda.ac.jp/dspace/bitstream/2065/44639/2/Shinsa-6683.pdf#search = '%E3%83%96%E3%83%AA%E3%83%82%E3%82%B9%E3%83%88%E3%83%B3+ %E3%83%9E%E3%83%AA%E3%83%BC%E3%83%B3%E3%83%9B%E3%83%BC%E3%82%B9+ %E3%83%AC%E3%83%8B%E3%82%A8%E3%83%B3%

E3%82%B7%E3%83%BC＋%E3%81%8A%E3%81%A8%E3%82%8A%E6%8D%9C%E6%9F%BB' 参照。
3) http://www.justice.gov/opa/pr/2011/September/11-crm-1193.html 参照。
4) http://www.justice.gov/criminal/fraud/fcpa/cases/jgc-corp.html 参照。
5) 訴追猶予契約で当局側が一定の行為（コンプライアンス・内部統制整備・改善等）を被疑者企業に一定期間（1～3年）課し，被疑者企業が当該行為を誠実に実施した場合，期間満了後は訴追が免除される制度である。訴訟代替手段の一種で本稿では司法取引協定と合わせ司法取引等と呼ぶ。
6) http://www.justice.gov/criminal/fraud/fcpa/cases/marubeni.html 参照。
7) http://www.justice.gov/criminal/fraud/fcpa/cases/marubeni-corp.html 参照。
8) 日揮も丸紅 No. 1 事例も共に domestic concern（KBR）との共謀が認定されている。
9) 発行者（issuer）とは，米国内で証券（securities）を発行している企業を指し，米国証券法の適用対象となる。管轄権理論で言えば，「効果主義」と相当程度重複する概念であると考えられるが，正確には別物と言える。実際のところ，issuer か否かの議論とは別に，米国内で特定の証券行為の効果が生じたか否かを論ずる事例もあり，本稿での議論は，あくまで分類上の利便性に基づき「効果理論」も含めた便宜的なものであることをご理解いただきたい。
10) US v. Kozeny, et.al（2nd Circuit, 667 F.3d 122, Dec. 14, 2011）。本件は，アゼルバイジャンの国営石油会社 SOCAR の民営化に際し，アリエフ大統領の家族とその側近に利権の2/3を渡すことを約束したほか，多額の賄賂（現金・宝飾品等）と便益（国外でのガン治療）を提供した非米国人でバーミューダ居住の Viktor Kozeny と米国人・米国法人等が FCPA および Travel Act 等の違反を問われた案件である。主犯の Kozeny（チェコ生まれ）は，米国からの召喚状に応ぜず居住地のバハマから出国せずに（不在のまま）米国で起訴されている。バハマでは，米国からの依頼に応じて同氏の19ヶ月間の判決前収監を行なったが，バハマの Privy Council はバハマ法の違反はなく，従って米国への引き渡しは無いとする一方，Kozeny に対しては，居住国であるバハマからの出国禁止措置を取っている。Kozeny の共犯者, David Pinkerton（米国人，米国最大の保険会社 AIG 投資部門の Vice President）と Frederic Bourke（米国人投資家）は Kozeny と共に2005年5月に略式起訴された。但し2008年7月に，Pinkerton は時効成立（5年）が認められ，検察が自ら case drop している。しかし Frederic Bourke は，の Co-conspirator として FCPA, Travel Act, マネーロンダリング，および FBI に対する虚偽陳述（false statement）により有罪判決（懲役1年1日）を2009年11月に受け，最高裁まで上告したが却下（dismiss）され（2013年4月），結局服役したと報道されている。http://www.fcpablog.com/blog/2013/4/16/supreme-court-denies-bourke-review.html 参照。
11) U.S. v. Kozeny, et al. の略式起訴状（2005年5月12日）。http://www.justice.gov/criminal/fraud/fcpa/cases/kozenyv/05-12-05kozeny-indict.pdf 参照。
12) Pinkerton v. United States, 328 U.S. 640, 647-48（1946）。1つの conspiracy で10の実体法違反を認定している。

13) 日本の実業界では不都合なことを「聞かなかった」こととする対応が見られるが，共謀罪ではこのような主張はほとんど意味を持たない。
14) SEC：In the Matter of United Industrial Corp. Exchange Act Release No.6005（May 29,2009）また，FCPA Guide p.27 参照。
15) 出典：拙著，「海外腐敗行為防止法（FCPA）の域外適用」，国際商事法務 Vol.41 No.7.p.976. 但し，一部変更した。
16) Halliburton は以後，自ら行う M&A についても司法省の意見を求める等の注意を払い，また KBR は従業員との守秘義務協定に不備があったとして SEC に13万ドルの罰金支払いを行う等，詳細な規制下にある。http://www.fcpablog.com/blog/2015/4/1/kbr-fined-130000-for-trying-to-gag-whistleblowers.html 参照。
17) http://www.thisdaylive.com/articles/eni-ceo-sentenced-to-three-years-in-prison/175141/ 参照。
18) 司法省は，丸紅の報酬は全額賄賂金額であったとの立場をとる（通常の日本人ビジネスマンの常識とは異なる認定であるが）ため，報酬関連の FAX は賄賂資金支払いに関するやり取りと取り扱われている。
19) NPA の締結事実とその内容が判明するのは多くの場合，上場企業の有価証券報告書等において多額の支払いや当該企業による何らかの負担行為が公表されることによる。
20) 実際にダイムラーの DPA（2010年3月）が約2年半から3年に期間延長される等，改善に問題があると評価されると DPA 期間が延長される事例は散見されている。
21) www.gao.gov/new.items/d10110.pdf 参照。
22) 独禁法では，アムネスティプラスと呼ばれるリニエンシー対象外の被告が，自己以外の第三者の違反を当局に報告することにより自己の処罰の軽減を求める交渉は，FCPAの領域でも通常に行われている。
23) 現実に2014年春に元 SEC Enforcement Division の部門長が弁護士として来日し，講演した際に DPA を持ちかけられて断った企業は彼女の知る限りこれまで一社もないと話している。
24) http://www.bloomberg.com/news/2010-12-07/nigeria-in-negotiations-with-technip-eni-and-jgc-to-settle-bribery-case.html
25) ナイジェリア政府は，2010年12月に Halliburton の CEO を勤めた Dick Cheney 元米国副大統領を含む複数の外国人企業幹部を起訴している。http://www.bloomberg.com/news/articles/2010-12-01/nigeria-to-file-charges-against-former-u-s-vice-president-over-bribery
26) 1988年 Omnibus Trade and Competitiveness Act の §5003(d)で連邦議会は国際機関，特に OECD との間で反贈賄の国際合意を行うことを大統領に求め，その交渉権限を与えている。
27) ドイツ連邦議会の批准承認は2014年9月25日，同国の条約批准は同年11月12日である。
28) 但し，日揮本社は cross debarment の対象外なので，実際の損害は殆ど生じなかった模様である。
29) JBIC については，https://www.jbic.go.jp/ja/finance/export/prevention 参照。NEXI

については，http://nexi.go.jp/webmagazine/feature/004300.html 参照。
30) 2014年3月26日公表。http://www.justice.gov/criminal/fraud/fcpa/cases/daimler-ag.html 参照。

(ニューヨーク州弁護士)

論　説　　自 由 論 題

WTO紛争解決手続におけるDSU25条仲裁の位置づけ

張　博　一

Ⅰ　はじめに
Ⅱ　GATT期における「仲裁」の所在
　1　GATT期の「仲裁」概念をめぐる混乱
　2　ウルグアイ・ラウンド交渉
Ⅲ　WTO紛争解決制度における仲裁の様相
　1　DSU25条条文規定
　2　DSU25条が使われない原因
Ⅳ　米国・著作権法110条事件とその意義
Ⅴ　おわりに

Ⅰ　はじめに

　国際仲裁裁判は，国家間の紛争をその選定した裁判官によって法の尊重を基礎として処理すること目的とし[1]，当事国の主観的意思が最大限に尊重されるところにその特色がある。他方，事件ごとに設置される伝統的な二国間仲裁から，常設仲裁裁判所の設立とその凋落及び機能改善による再活性化，さらには近年における国際投資仲裁の活発な利用まで，仲裁は時代の進展とともにその機能を変えて発展を遂げてきた。このことは，「仲裁」が包摂する紛争解決態様はその柔軟性ゆえに多様化しており，仲裁が国際紛争の平和的解決に果たす役割は，個別の条約体制及びそこに併存する他の解決方法との関係の考察を通して明らかとなることを意味する。

　WTO紛争解決制度では，協議，あっせん，調停，仲介といった政治的紛争

解決手段の他に,「紛争解決の代替的な手段として」パネル・上級委員会手続と併存する形で仲裁について明文規定を置き,多様な紛争解決方法の一つとして位置づけている。ところが,WTO 創設からの20年間での497件の付託事案のうち,DSU25条仲裁が利用されたのはわずか1件と,司法的手続への偏重は明らかであり,仲裁は実質的な役割を果たすことはなく忘れられた制度となっている。仲裁の不活性は優れた WTO 紛争解決制度における司法的手続の存在と無関係ではない。包括的な強制管轄権,精緻な法解釈を行う二審制の導入,詳細な時間枠組みの設定,履行確保制度を完備する WTO 紛争解決制度は国際社会における「法化」の完成とも見なされ,仲裁裁判から司法裁判へという潮流に照らせば当然の帰結のようにも思われる。しかし,司法裁判は紛争を解決する唯一の手段ではなく,とりわけ分権的な国際社会において,「法」に基づく宣言は紛争解決に重要なきっかけをもたらすが,限界がある。また,国内の政治的・経済的利益と深い関連性をもつ国際経済紛争において,いわゆる効率的違反の問題に代表されるように,国家の遵守判断に際して,規範意識や「評価」といった外在的な要因よりも国内産業保護の必要性や国内世論といった内部的な要因が大きな比重を占めるため,紛争の性質に応じて,仲裁を始めとする多様な紛争解決手段の補完的重層的適用を模索することがより一層重要であるように思われる。

以上の問題関心から,本稿では WTO 紛争処理手続の司法化のなかでの二国間仲裁の位置づけについて再考する。具体的には,まずⅡにおいて,「仲裁」とは本来どのような性質をもつ制度として導入されたのかを明らかにするために,GATT 期における「仲裁」概念とウルグアイ・ラウンド交渉での議論を振り返る。続いて,Ⅲでは,DSU25条仲裁の規定枠組みを整理し,その利用に際して紛争当事国に広範な裁量が与えられているにも関わらず,仲裁が「代替的な手段」とならなかった要因について検討を加える。仲裁が抱える問題を明らかにしたうえで,Ⅳでは,DSU25条仲裁の唯一の利用事例である2001年

の米国・著作権法110条事件を分析し，仲裁の利用可能性の観点から本件の意義を探る。最後に，Ⅴにおいて，WTO紛争解決手続におけるDSU25条仲裁の不活性という現状が示唆するところを再確認し，その再定位を試みる。

Ⅱ　GATT期における「仲裁」の所在

1　GATT期の「仲裁」概念をめぐる混乱

　二国間の貿易紛争を仲裁によって解決する考え方は1947年の国際貿易機関構想で既にみられる。ハバナ憲章の紛争処理条項として，第93条1項では，満足する調整を得るために，当事国間で協議を行うこと，2項では当事国間で合意に基づいて当該問題を仲裁に付託することができることを規定している。第94条では，協議によって解決されなかった問題は，理事会に申立てをすること，さらには第96条で国際貿易機構による国際司法裁判所の勧告的意見の要請が規定されている[5]。これらの手段のうち，第93条1項の当事国間協議と第94条の紛争の理事会への付託部分がGATT22条「協議」とGATT23条「無効化又は侵害」となり，仲裁に関する規定は国際司法裁判所への付託とともにGATT紛争処理草案から削除された[6]。削除されるに至った理由に直接言及する記録を見出すことはできなかったが，その背景には，GATTが起草された当時，締約国は紛争を締約国団への付託を通して政治的に解決されることを望んでおり，紛争解決は組織された共同体による非難といった規範力に基づいて自主的または外交的になされるべきとし[7]，よって第三者による司法的解決を意図的に排除しようとしたことが推察される[8]。

　その後，中立の第三者によって法的判断を下すパネル方式は慣行として定着していくが，このような移行は，外交交渉的手続から裁判的手続への画期的転換を意味し[9]，「ルールの完全性」の方向で進展したことの証拠とも評されている[10]。GATTが比較的早い段階で第三者による採決制度を導入した理由として，ヒューデックは，当時の締約国は米国を除き多くが小国であったことを挙げ，

「パワーをその手段として用い得るほどに大きくない国家の場合には，仲裁はとりわけ有用である」と説明している[11]。同様にペータースマンも仲裁利用をめぐる GATT 締約国の議論は，「パワー指向型」か「ルール指向型」の対立を反映していると述べた上で，法的安定性，予見可能性及び GATT 解釈の一貫性は紛争回避機能を有しており，仲裁は GATT 紛争解決手続の「専門化」の手段となりうると述べている[12]。しかしここで注意すべきは，ヒューデックもペータースマンもパワーに対置する司法手段としての「パネル手続」に言及する際に「仲裁 (arbitration)」という用語を用いていることであり，両者は互換可能な意味で捉えていたのである。

　GATT 期の「仲裁」概念をめぐる混乱はその利用例の位置づけに対する評価からも見て取られる。GATT 時代の「仲裁」の例としてしばしば引用されるのが米国・EEC 間のいわゆる「チキン戦争」である[13]。本件は1960年代に，EEC が共通農業政策を採用し，域外からの家禽輸入に対して課徴金制度を導入した結果，米国から西ドイツへの鶏肉輸出額が大きく減少したことに端を発する。EEC は関税同盟の設立に伴う関税引き上げを行う際には他の締約国に対して補償を行う必要があるが，米・EEC 間で具体的被害貿易額について見解の相違があったため，両国は合意に基づいて，パネルに「助言的意見」を求めた。本件の付託事項が米国の損害額に基づく譲許停止可能な貿易額の算定に限られていたことや，パネル報告が締約国団によって採択されなかったことなどから，これを通常のパネル審理と区別し，審査，調停，仲裁のいずれかと捉えるべきとする見解が存在する[14]。確かに，パネルの権限が事実の発見に限定されていたか，当事国は法的拘束力を前提としていたかなど，いずれの要素を重視するかによってその性格付けは異なりうる。しかし，これらの評価は事後的に加えられるものであり，手続的には GATT23 条 2 項に基づいていることに鑑みれば，当時紛争当事国が意図的にパネル手続とは異なる「仲裁」を利用して紛争を解決しようとしていたとみることは妥当ではない。1980 年代後半の

ウルグアイ・ラウンド交渉時に試みられたいくつかの仲裁事案が出現するまでは，GATT 期において仲裁は存在しなかったとみるべきであろう。

　GATT 期における仲裁をめぐる議論の混乱の要因として，仲裁に関する明文規定がなく，利用事例も存在しなかったことに加え，パネル手続そのものの性格の曖昧さが指摘できよう。すなわち，GATT 紛争解決手続が当初非裁判的手続として起草され，慣行の中で「司法化」されていった経緯を勘案すると，[15)] GATT 期において，パネル手続自体が政治的解決と司法的解決の間で進退していた。このような当時の状況を踏まえれば，紛争解決手段が細分化できる段階にはなく，パネル手続と区別された「仲裁」という独自の紛争解決形態が確立していたとみることは困難であろう。

2　ウルグアイ・ラウンド交渉

　仲裁をパネル手続と区別し，独自の紛争処理方法として確立させようとするアイディアはウルグアイ・ラウンド交渉の早い段階でなされた。

　米国は紛争解決制度を促進する提案の中で，パネルと併存する制度として，国際経済紛争を解決する広く認識された方法として「強制的仲裁」を提案した。ここでいう「強制的」とは仲裁の裁定は GATT 理事会の承認を必要としないことを意味する。米国は仲裁を利用する理由として，すべての事案がパネルに付託されているため，比較的簡単な，解決しやすい問題に関しても長期間かかりかつ政治化していることを挙げ，よってこれらのような一定種類の紛争については当事国間の合意に基づいて，パネル手続の代わりに仲裁に付託されるべきであるとした。[16)]

　EEC も紛争解決において最重要なのは交渉に基づく解決であり，法的な側面は重要要素となるべきではないとの自らの立場を示す一方で，理事会の承認を必要としない強制的仲裁を制度化すべきとした。そのうえで EEC は，仲裁に付託されるべき事案の種類を予め明確化することは困難であるとしながらも，

理事会の承認を必要としない点を考慮すれば，仲裁が扱う案件は比較的容易な事実確認のためのものに限定され，法的先例となるような解釈の問題，GATT協定適合性の問題は扱うべきではないとした[17]。

日本は，パネル手続は「調停」に基づく紛争解決を目的としたものであり，事務局長の仲介による二国間紛争解決を強化すべきであるとし，強制的仲裁の導入には慎重な立場[18]を示した。また，仲裁は中立性，透明性，特定性の３つの条件が満たされた場合にのみ用いられるべきであるとし，そのためには，常設的な仲裁機関を設立し，仲裁人選定にはパネリスト選定手続を準用すること，仲裁の権限は基本的に事実認定に限定されること，利益を有する第三国は仲裁の決定に対して異議を申立てる機会を与えられること，仲裁の決定は当該事件に限定され，GATT協定の一般的解釈を構成しないなどの提案を行った[19]。

この他にも，北欧諸国，カナダ，韓国，オーストリアなど多くの国から仲裁に関する類似の提案がなされた。こうした過程を経て，締約国団は1989年４月12日の「ガットの紛争解決規則及び手続きの改善」のＢ節とＥ節に仲裁を規定した。しかし，その規定には曖昧な部分が多く，スイスは仲裁の利用を促進するためにより詳細な制度設計をする必要があるとして，仲裁に付託する際のモデル規定まで作成したが[20]，その後仲裁に関する詳細な議論は尽くされなかった。

ウルグアイ・ラウンド交渉での各国提案と平行して，仲裁の利用が試みられた事例がある。まず，1988年と1989年のGATT理事会において，ECは米国が「商品の名称及び分類についての統一システム（HS）[21]」に移行する際に繊維製品の税率が増加したことによってECの利益が無効化・侵害されたとして，本件をGATT事務局長の仲裁に委ねることを米国に提案した。ECは，米国は自らの措置が他の締約国に損害をもたらしていることを認め，関係国との協議の中で補償交渉を行っていることに鑑みれば，仲裁にその判断を求めることは妥当であるとしたが，米国は，仲裁は本件のような広範な評価を求められる事案には馴染まない[22]として仲裁への付託に同意しなかった。二国間の合意に基

づく仲裁の成功例として，ECへのカナダの穀物の輸出をめぐって，1990年7月にECとカナダは，1962年に締結した譲許表修正の交渉権繰り延べについて規定する二国間条約の解釈について，元事務局次長を単独仲裁人として合意付託したものがある[23]。3ヶ月後にカナダの権利を一部認める裁定が出され，両国とも結果に満足しているとして遵守することを表明した。この他に，ECの油糧種子等の生産者への補助金事件に関連して，1992年にGATT理事会において米国は自国の損害額の算定を'30日'仲裁に付託し，仲裁の裁定を基に補償額または譲許停止額を決めることをECに提案した[24]。これに対してECは，仲裁への付託はGATT28条のもとでの締約国の譲許修正・撤回交渉を無意味にし，また米国は仲裁の裁定を根拠に一方的な対抗措置を採ろうとしているとの理由から，これを拒否した。

　ウルグアイ・ラウンド交渉における各国の意見書および利用事案での議論を総合すると，締約国は仲裁が紛争解決及び貿易政策のための便利な手段となりうると考えていたことは明らかであり，また，各国の提案に共通する重要な点として，仲裁が扱う事案は容易に解決されるものや事実的な性質の関するものといった特定の種類の紛争に限定されるべきという点である。

　このような「特定」仲裁をめぐる考え方もまた，当時のパネル手続の性質と関連づけて理解する必要があろう。というのも，仲裁に関する議論が盛んに行われていた1987-1988年頃，今日のような強制管轄権のあるパネル手続は想定されていなかった。このことは，1988年12月「モントリオール中間レビュー」においてなお，ECと日本はコンセンサス方式によるパネルの開始と報告書の採択を主張していることからも明白である。したがって，当時のパネル手続は当事国の合意に基づいて開始され，報告書の採択もいつでもブロックされうることから，法的拘束力を前提としない個人からなる独立の機関が法的問題までも含めて紛争を処理する「調停」としての性格を有していたとみることができる[25]。これに対して，理事会の承認を必要としない仲裁は，当事国間で合意でき

た範囲において無条件に当事国を拘束することとなり，パネル手続よりも「強い」紛争処理方法であった。以上のことから，GATT締約国は，仲裁への付託事項を事実関係が特定されやすい比較的単純な事例に限定することで第三者機関による紛争への実質的な干渉を回避すると同時に，認定された事実を基に紛争当事国で相互に受諾できる解決を導くための手段として仲裁を捉えられていたとみることができよう。

III　WTO紛争解決制度における仲裁の様相

1　DSU25条条文規定

　パネル手続自体の性格が明確ではなく，他の紛争処理手段と区分することが困難であったGATT期とは異なり，WTOは協議要請から対抗措置の発動に至るまで，自動化した一連の手続を完備し，ルール指向型貿易システムへと転換した。前述のとおり，1989年のスイスによる仲裁提案を最後に，仲裁については詳細な議論は行われなかったため，「ガットの紛争解決規則及び手続きの改善」のB節とE節がほぼそのままの形でDSU25条としてWTO紛争解決制度に挿入されたのである。[26)]

　DSU25条は以下の4項目から構成されている。

　第1項は「紛争解決の代替的な手段としての世界貿易機関における迅速な仲裁は，両当事国によって明示された問題に関する一定の紛争の解決を容易にすることを可能とするものである」と規定している。「代替的」という文言から，仲裁はパネル手続とは独立・並立する紛争解決手段の選択肢の1つとして位置づけられているといえる。また，ここにいう明示された問題に関する「一定」の紛争の意味に関しては，交渉過程で概観したように，諸提案国は「比較的容易な解決しやすい問題」を念頭に置いていたことはたしかであるが，その具体的に意味するところまで議論を集約させることはできなかった。したがって，DSU25条仲裁に付託される紛争形態には明確な制限が課されておらず，紛争

当事国間で合意したいかなる問題も仲裁に付託することができると解される。

　第2項は，仲裁への付託は原則として当事国の合意に基づくこと，当該当事国は従うべき手続について合意すること，さらに，仲裁手続の開始は十分な余裕をもってすべての加盟国に通報されることが規定している。よって，DSU25条仲裁は紛争発生後に個別に設置されるアドホック仲裁であり，紛争当事国はその都度に仲裁人を選定し，裁判準則，時間枠組み，解決されるべき問題の範囲などすべての手続を決定する必要がある。他方で，仲裁判断を含むすべての解決は，WTO協定に適合するものでなければならない（DSU 3条5項）とされていることから，仲裁人はWTO協定に依拠して判断することが求められ，逸脱は認められないと解される。

　第3項は，他の加盟国は当事国の合意によってのみ仲裁手続の当事国となること，仲裁手続の当事国は仲裁判断に服することについて合意すること，仲裁判断は，紛争解決機関及び関連する協定の理事会又は委員会に通報されることを規定している。第三国参加に関しては，実質的な利害関係を有すると通告した加盟国には自動的に第三国としての地位が与えられるパネル手続に比して厳格であり，紛争当事国の二辺的な関係を重視したものとなっている。また，仲裁判断は紛争解決機関による承認を必要とせず，直ちに当事国を拘束する点においても，ネガティブ・コンセンサス方式を介して「事実上」法的拘束力をもつパネル手続とは異なる。

　第4項は「第21条及び第22条の規定は，仲裁裁判について準用する」ことを規定している。第21条及び第22条は紛争解決機関の勧告または裁定の実施及びその履行を確保するための措置を定めているため，同項からもDSU25条仲裁はパネル手続と並行した独立の紛争解決手段として想定されていたことが窺える。

　このように見てくると，DSU25条仲裁は手続の開始，付託する事項の範囲，裁判手続と裁判準則，第三国参加などあらゆる面において紛争当事国の合意を

前提とし，その主権的意思を最大限に尊重しており，国際法上の一般的な「仲裁」制度がもつ特徴に合致した制度枠組みとなっていると言えよう。それにも拘らず，これまで，加盟国が紛争解決に際して仲裁を選択してこなかった原因は何に求められるだろうか。

2　DSU25条が使われない原因

(1) パネル手続の仲裁的性格

まず，仲裁裁判と司法裁判を分ける確定した識別基準はないが，両者の最大の相違点はそれぞれの法廷の設置と構成の仕方の違いにあるとされている[27]。この点，パネルは事件ごとに構成されるアドホック機関であり，またパネリストの選定に関しては事務局が候補者リストから紛争当事国に提案するとなっているが，その選定過程において当事国の広範な裁量が認められており，紛争当事国の意向を踏まえた任命を行うよう配慮がなされていること[28]を考慮すれば，構成面においてパネル手続は「仲裁」としての特色をもつ。

次に，機能面に関して，仲裁の利点として一般的に考えられているのが，手続の迅速性，非公開性，当事国のニーズを踏まえた柔軟性である。まず，「迅速性」に関して，たしかに近年，パネル審議の遅延がしばしば指摘され，遡及的な損害賠償等の救済を認めない現行制度のもとでは憂慮すべき問題である。これに対して仲裁の場合，当事国は時間枠組みを自ら設定できるため，問題の迅速な解決が期待できると考えることもできる[29]。ただし，これまでに，パネル手続を用いずに紛争の終局的解決を仲裁に付した事例は存在せず，実際，法的問題を含めた紛争を仲裁がどのように効率的に処理できるかは未知数であると言わなければならない。次に，非公開性に関して，パネルの審議は秘密とされ（DSU14条1項），紛争当事国の意見書，他の加盟国が提出した情報も秘密のものとして取り扱われる（DSU18条2項）ことが原則である。また，「企業秘匿情報」についても，要請があった場合には特別な規則を追加することができるな

どの点を鑑みれば，非公開制において，パネル手続と仲裁に大きな相違は認められない。最後に，柔軟性に関しては，機構面におけるパネルの設置，仲裁人の選定の他に付言すべき制度として，パネル手続の「検討の中間報告」（DSU15条）がある。パネルの最終報告書送付前に，紛争当事国はその見解を述べる機会を与えられるのみならず，それを踏まえて報告書の修正が行われる場合もあるなど，「調停」ともとれる制度となっている。さらに，パネル設置後も，申立国から要請があった場合には審理は停止され（DSU12条12項），紛争当事国はいつでも紛争を政治プロセスに引き戻すことができることも手続の柔軟な性格を反映している。

　以上で概観したように，パネル手続は構成面，機能面双方において仲裁の利点を十分持ち合わせた制度設計となっているとするならば，紛争当事国が合意に基づいてDSU25条仲裁を用いる特別な動機が見出せないとの結論が導かれることになるのである。[30]

(2)　紛争解決手続の法制度化

　DSU25条仲裁が使われない理由として，パネル手続がもつ仲裁的性格の他に思料しうるのは，GATTからWTOへの移行に際して，紛争解決制度全体が機能強化されたことにより，仲裁の必要性が消失したことである。

　ウルグアイ・ラウンド交渉で各国が具体的にどのような紛争を仲裁に付託することを想定していたのかは，提案書を管見する限りでは明確ではなく，また，紛争の種類に応じて仲裁とパネル手続を使い分ける手法は実際の紛争の複雑性を考慮すれば，現実的ではないように思われる。他方で，注目すべきは，GATT期の仲裁事例のいずれも譲許税率の修正交渉に関するものであったという点である。すなわち，GATT期の紛争処理手続の目的は，主観的な利益侵害を是正し，二辺的な貿易利益のバランスを再均衡させ，紛争当事国間の「相互性」を維持することであった。そこで，パネルの設置に合意できない場合またはパネル報告書の採択が拒否され，紛争の終局的解決が期待できない場

合に，締約国による一方的措置を防ぐために，損害賠償の提供によって二国間の一時的なバランスを回復する手段として，「仲裁」を利用することがこれらの提案の根底にあったのではないかと考えられる。

　これに対して，規律内容が拡大かつ精緻化し，通常，ある加盟国の措置のWTO協定適合性が争われ，そのうえ強制管轄権と報告自動採択を前提とするWTOのもとでは，紛争の部分的解決を目的として損害賠償額の決定のみを仲裁に委ねる必要性はなくなったといえる。また，被害国への賠償額を決定する手続に類似するものとして，紛争解決了解第22条6項の関税譲許停止仲裁が新たにパネル・上級委員会手続の履行手続の中に取り込まれた。確かに，22条6項仲裁はあくまでも対抗措置としての譲許停止を前提とするパネル手続の履行を確保する手段であることから，一時的な補償額を決定したのちに，紛争の解決に向けて紛争当事国間でさらに交渉を継続しうるGATT期の仲裁事例とは性格が異なる。しかし，紛争の終局的な解決を第三者機関に委ね，損害額に基づく対抗措置の手段も予め用意されている制度が完備されているならば，あえて仲裁に補償額の決定を求める必要性はもはやないと考えられる。

　以上のように，パネル手続が構成面・機能面の双方において柔軟な仲裁としての性質を備えていること，起草時に想定していた仲裁の役割が22条6項仲裁の挿入を含むWTO紛争解決制度の法制度化によって消失したことの二点を合わせ考えると，DSU25条仲裁は，GATT期のコンセンサス方式の存在によりパネル手続が機能しない場合の補助手段として考案されたものの残存にすぎず，その形骸化は不可避であったとみることができるかもしれない。

　それでは，これまでに仲裁が使われた一例は単なる偶発的事情によるものなのか，それとも上記の処断を覆し，仲裁の意義を再評価する突破口を与えてくれるものなのであろうか。

Ⅳ　米国・著作権法110条事件とその意義

　DSU25条に基づき仲裁が行われたのは，2001年の米国・著作権法110条事件[31]である。米国著作権法110条5項(B)が，小規模飲食店，小売店等の店頭における来客向け放送の一部につき著作権の免除を規定したことがTRIPS協定等に違反するとして，ECがパネルに申立てを行った[32]。2000年5月，パネルは米国の違反を認定し，妥当な履行期間は12ヶ月として同規定をTRIPS協定に適合させる勧告を行った。米国はその期間内に法案を改正することができなかったため，ECに対して代償の提供を模索したが，支払うべき代償額について両国で合意に達することができなかったため，DSU25条に基づいてECが被った無効化・侵害の水準を決定する仲裁の設置に合意したのである[33]。このように，本件はDSU25条に基づく手続ではあるが，パネル手続の代替的な手段としての独立した仲裁ではなく，パネル判断及びDSU21条3項仲裁がなされた後に，いわば司法手続の間に挿入された，一時的な代償を決めるためだけに設けられたものであることに留意する必要がある。

　それでも本件仲裁は，以下の2つの点において重要な意義を有している。

　第1に，変則的でありながらも，DSU25条の先例としての仲裁審理の範囲や審理手続の展開方法，時間枠組みを明らかにしたことである。まず，本件で仲裁が選択された目的として，仲裁人は「両当事国が迅速な解決を望んでいると理解している」と述べた[34]。そのうえで，米国の著作権管理組織であるASCAPとBMIから提出された追加情報の取扱いについて，これらの情報を考慮することにより手続や裁定に遅れが生じる恐れがあるとして，追加情報を考慮しないことを選択し，迅速性を優先させたのである。次に，本件においてとりわけ重要と思われるのが，仲裁の審査権限の範囲に関する判断である。上述のように，本件は米国の行為そのものの違法性ではなく，ECが被った「利益の無効化又は侵害の程度」に関するものであった。そこで，仲裁はまず，

DSU25条仲裁は「紛争解決の代替的な手段」と位置付けられており，違反によって生じた利益の無効化又は侵害の程度いった紛争の一部のみを決定するために用意された手続ではないとした。しかしながら，仲裁は，利益の無効化又は侵害の程度についてDSU25条の仲裁に付することができないと積極的に定める規定は存在せず，部分的な事項に限定して付託することもまた妨げられないとして，仲裁は加盟国がWTO枠組み下の問題にいつでも必要な際に付託できる制度と解されるべきとの柔軟な立場を示した[35]。この他，仲裁人の選定に関して，米国とECが原パネルのパネリストを希望したこと[36]や，挙証責任といった仲裁準則も従前のDSU22条の手続に従って行われることに合意する[37]など，審理手続においても，パネル手続との深い関連性を印象づけるものとなった。

　第2にそれ以上に重要な点として，仲裁の利用可能性を示唆したということである。本件仲裁は，その検討内容と仲裁人の構成から，DSU22条6項仲裁と類似するとも評されている[38]。しかし，両者はその目的も判断基準も異なり，本件仲裁をDSU22条6項仲裁の代用と位置づけるのは適切ではない。すなわち，本件仲裁はあくまでも代償額の決定を通して紛争の一時的な緩和を図り，よって二国間の紛争解決を促すことを目的としており，譲許その他の義務の停止を通して強制的にパネル手続の履行を確保するものではない。また，仲裁が「被害国が被った損害」を認定する際に，それまでDSU22条6項仲裁で用いられてきた計算方法に依拠する必要はなく[39]，代償額の決定の際にDSU22条4項の「同等」要件も課されないのである。要するに，DSU22条6項仲裁は対抗措置の発動を前提とするものであるのに対して，本件仲裁は代償措置という，貿易制限的でない方策による解決を図ることを促進し，対抗措置を回避するためのものであると考えられるのである。さらに，本件仲裁は当然DSU22条6項の利用を妨げるものではなく，実際，仲裁裁定額に基づいて譲許を停止しようとしたECに対し，米国は，当該措置はDSU22条3項に定める原則及び手

続を遵守していないことを理由にDSU22条6項仲裁を求めたのである。

　以上のことから，本件仲裁はDSU22条6項仲裁とは切り離して評価されるべきであり，DSU25条仲裁が「代償決定仲裁」としての役割を担い得ることを示唆したという点において重要な先例的価値を有しているとみることができる[40]。もっとも，仲裁の裁定を受けて，米国とECは「妥当な期間」終了後3年分の金銭代償の支払いについて暫定的合意に達したが，今日に至るまで勧告が履行されておらず，二国間交渉が続けられている[41]。

V　おわりに

　本稿は，DSU25条仲裁の不活性という事象に焦点を当て，WTO紛争解決枠組みのもと，DSU25条仲裁は何処に位置づけられるのか，換言すれば，一連の自動化した司法的手続と併置された仲裁は，「代替的な手段」として紛争の解決を容易にする手段となりうるのかを探ることを目的とした。

　GATT期の仲裁をめぐる議論には，常に「混乱」がつきまとう。そしてこのような混乱はやむ終えないものである。すなわち，紛争当事国の意思を尊重した政治的解決が好まれ，法的拘束力を前提としないパネルによる判断は「調停」としての性格を有するに止まり，「仲裁」という紛争解決形態はGATT体制下には存在しなかったと考えるべきであろう。その後，ウルグアイ・ラウンド交渉において新たに仲裁を導入する議論が行われた際にも，米国とECを中心になされたパネル手続と仲裁の機能別利用案は刮目に値するが，結局，その関係性は明確に示されることなく，併置する形でWTO紛争解決手続に取り込まれた。

　もっとも，DSU25条の条文規定そのものは，その利用に関して加盟国に広範な裁量を認める点において国際法一般における仲裁裁判手続に沿うものとなっており，紛争解決のための多様な選択肢を加盟国に提供していることをもってその意義を見出すこともできなくはない。しかし，理論的に多くの利点

を有する手続きであっても，実践上でそうした期待に応えられないものは，国際生活においてほとんど価値がなく，特定の状況で諸国家がなぜ特定の手段を利用したがらないのかという点に学ぶことがより重要である[42]との指摘を踏まえると，多様な紛争解決手段が併存して用意されていることを評価し，あとは当事国の自由選択に委ねるとして議論を終止するべきではない。

そこで，仲裁が使われないという現状を如何に理解すべきだろか。本稿は，WTO 紛争解決制度において，協議とパネル手続という紛争解決手続の両端が十分に広い「振り幅」を持つことにより，本来その中間に位置づけられるはずの「仲裁」が存在意義を失っていると結論づける[43]。すなわち，政治的手段と法的手段がいずれも有効に機能し，かつその相互間の行き来が一定程度自由に認める制度規定が，仲裁の形骸化をもたらしたと考えられるのである。その意味で，仲裁がパネル手続に取って代わり，真の意味での代替的な手段となる未来は明るくないと断言せざるを得ない[44]。

しかし，このことから直ちに仲裁不要論を導くこともまた早計に失するように思われる。その際，米国・著作権法110条事件での仲裁利用は重要な手掛かりとなる。すなわち，高度な政治的利益が絡み，完全な履行を期待できない事案において，DSU25条仲裁を一時的な段階的解決を図るための「金銭代償」仲裁として利用する可能性である[45]。もっとも，金銭代償には経済的に裕福な加盟国の「買収（buy out）」によって協定上の義務の履行に非対称性が生まれること[46]や，関税譲許と異なり特定の圧力団体に局所的な不利益をもたらさないため，履行を滞らせる危険性を孕んでいることを十分に認識し[47]，完全な履行のための方策を探る努力は絶えず続けられるべきである。他方で，超国家的機関が存在しない国際社会では，対立の最終的解消も当事国の同意に基づく以外になく[48]，紛争の性質自体がWTOの処理能力を超えた解決を求めている場合に[49]，新たな権利義務の均衡点を探求する試みもまたなされるべきであり[50]，DSU25条仲裁は今後，'中間判決'としてその存在意義を見出す可能性を十分に秘めて

いるのかもしれない。

1) 国際紛争平和処理条約第37条。
2) 紛争解決了解（DSU）には，第25条の他に，'仲裁（arbitration）' と題された手続は2つある。DSU 21条3項に規定する，紛争解決機関の勧告及び裁定を速やかに実施することができない場合に与えられる「妥当な期間」を決定する仲裁と，DSU 22条6項に規定する，譲許その他の義務の停止の程度または形態を決定する「対抗措置」仲裁である。しかしこれらはいずれもパネル手続を履行するための措置であり，可能な限り最初のパネリストによって構成されることなどから，一連の司法プロセスの一部と位置づけるべきである。ゆえに，「仲裁」がWTO紛争解決に果たす役割に焦点を当てる本稿の検討対象から除外する。
3) 杉原高嶺『国際司法裁判制度』（有斐閣，1996年）17頁。
4) WTO紛争解決制度における効率的違反（efficient breach）論とは，SchwarzとSykesによって提唱された「WTO諸協定の遵守がその加盟国の利益という視点から見て効率的でない場合，すなわちある加盟国がWTO諸協定を遵守するための費用が，遵守により関係する他の加盟国に発生する利益の総和を上回る場合にはWTO諸協定上の義務違反は認められるべきである」とする考え方である。Warren F. Schwarz & Alan O. Sykes, "The economic structure of renegotiation and dispute resolution in the World Trade Organization," *Journal of Legal Studies* Vol.31(1) (2002), pp.179-203。清水剛「WTO紛争解決手続における非効率的違反の可能性——法と経済学的分析」RIETI Discussion Paper Series 07-J-001参照。
5) Havana Charter for an International Trade Organization in Final Act and Related Documents, United Nations Conference on Trade and Employment, Held at Havana Cuba.U.N, Doc. No.E /Conf.2/78(Nov.21, 1947).
6) T. Stewart (ed.), *The GATT Uruguay Round: a negotiating history* (1986-1992), VolumeII,p.2673.
7) Robert E. Hudec, "GATT Dispute Settlement After the Tokyo Round: An Unfinished Business ," *Cornell International Law Journal*, Vol.13(1980), p.150.
8) 小寺も，ITO憲章の仲裁や国際司法裁判所の関与に関する規定がガットの紛争解決手続に採用されなかった点を考えると，当初のガット23条は司法的手続とは相当に離れたものを想定していたと見た方がよいとしている。小寺彰『WTO体制の法構造』（東京大学出版社，1995年）149頁。
9) 岩沢雄司「WTO紛争処理の国際法上の意義と特質」国際法学会編『日本の国際法の100年(9) 紛争の解決』（三省堂，2001年）216頁。
10) John.H.Jackson, *Restructuring the GATT System* (Council on Foreign Relations Press, 1990).
11) Robert.E.Hudec, *Enforcing International Trade Law: The Evolution of the Modern GATT Legal System* (Butterwoeth, 1993), p.30.

12) E.-U. Petersmann, "Strengthening the GATT Dispute Settlement System: On the Use of Arbitration in GATT", *in* M. Hilf and E.-U. Petersmann (eds). *The New GATT Round of Multilateral Trade Negotiations* (Kluwer, 1991), p.339.
13) GATT Panel Report, US/EEC-Poultry, 21 November 1963, unadopted, L/2088. この他, Herman Ealker, "Dispute Settlement: The Chicken War," *The American Journal of International Law* Vol. 58(3) (1964), pp. 671-685参照。
14) 岩沢雄司『WTOの紛争処理』(三省堂, 1995年) 51-52頁参照。清水も本件パネルは事実認定について独立した専門家による勧告的意見を出すものであることから、いわゆる審査を行ったものであると考えられ、通常設置される小委員会とは別個のものと考えるべきであるとしている。清水章雄「ECによるガット紛争処理手続の利用」『日本EC学会年報』第7号(1987年)。
15) 福永有夏『国際経済協定の遵守確保と紛争処理』(有斐閣, 2013年) 115頁。
16) Improved Dispute Settlement: Elements for Consideration, Discussion Paper Prepared by the United States Delegation, GATT Doc. No. MTN.GNG/NG13/W/6(25 June, 1987), para2.
17) Communication from the EEC, GATT Doc. No. MTN. GNG/NG13/W/12 (24 September 1987), p.3.
18) Meeting of 21 and 24 September 1987, Note by Secretariat, GATT Doc. No. MTN. GNG/NG13/3 (12 Oct. 1987), para10.
19) Communication from Japan, GATT Doc. No. MTN.GNG/NG13/W/21 (1 Mar. 1988).
20) Communication from Switzerland, GATT Doc. No. MTN.GNG/NG13/W/33 (19 July. 1989).
21) GATT Concessions under the Harmonized Commodity Description and Coding System Decision of 12 July 1983, L/5470/Rev 1.
22) GATT Council, Minutes of Meeting, C/M/228, 16 March 1989, p.20.
23) Award by the Arbitrator, Canada/European Communities―― Article XXVIII Rights with Respect to Wheat, BISD 37S/80, 26 October 1990.
24) GATT Council, Minutes of Meeting, C/M/259, 27 October 1992, p.34.
25) 奥脇もGATT時代のパネルは基本的に調停的な機能をもつものと理解されていたとしている。奥脇直也「国際調停制度の現代的展開」『立教法学』第50巻 (1998年) 73-77頁。
26) 仲裁に関する議論が蛇尾に終わった背景には、ECホルモン事件等におけるEC拒否権の発動による報告書の不採択に、アメリカが通商法301条に代表される一方的な報復措置をとる動きに対処するために、ネガティブ・コンセンサスや上級委員会制度の導入など、ウルグアイ・ラウンド交渉における問題関心がより強力な司法的紛争解決制度の模索に移行したことと関連すると指摘されている。David Jacky, The Integration of Article 25 Arbitration in WTO Dispute Settlement: The Past, Present and Future, *Australian International Law Journal*, Vol. 15 (1) (2008), pp.247-248.
27) 杉原高嶺『国際法学講義』(有斐閣, 2008年) 565頁。

28) 濱本は「国家が仲裁か司法的処理の二つの選択肢を有する場合にあえて仲裁を選択する大きな理由は、判断者（仲裁人）を自らの思うように選ぶことが国益に資するという判断が考えられる」としている。濱本正太郎「投資家対国家仲裁は「仲裁」ではない」浅田正彦、加藤信行、酒井啓亘編『国際裁判と現代国際法の展開』（三省堂、2014年）164頁。
29) Chang-fa Lo, "The Shrinking Role of Article 25 Arbitration in DSU: A Proper Understanding of "Clearly Defined" Issues to Enhance Efficiency of WTO Dispute Settlement Procedures," *US-China Law Review*, Vol. 8, Issue 10(2011), pp.887-888.
30) 同様の結論として、Tsai-Yu Lin, "How Far can Arbitration Practice as an Alternative Dispute Resolution within the WTO Go? A Perspective on Intellectual Property Dispute," *Contemporary Asia Arbitration Journal*, Vol.2, No.1 (2009), p.45.
31) Award of the Arbitrations, United State-Section 110 (5) of the US Copyright Act-Recourse to Arbitration under Article 25 of the DSU, WT/DS160/ARB25/1, 9 November 2001.
32) Panel Report, *United State-Section 110(5) of the US Copyright Act*, WT/DS160/R, July 27, 2000.
33) Gene M. Grossman and Petros C. Mavroidis, "United States- Section 110(5) of the Copyright Act, Recourse to Arbitration under Article 25 of the DSU: would've or should've? : Impaired Benefits due to Copyright Infringement," *World Trade Review*, Vol.2, No.2 (2007), pp.233-249参照。
34) US Copyright Act, *supra* note 31, para 1.13.
35) *Ibid.*, para 2.4
36) 仲裁人に関して、米国及びECは、原パネルのパネリストを希望したが、3名のうち2名の都合がつかなかったため、事務局長かは新たに2名の仲裁人を選任した。紛争当事国が原パネルのパネリストを希望した背景には、本件がパネル裁定を受けたものであり、新しい仲裁人を選定するよりも具体的事実を把握しているパネリストの方が望ましいと考えられたことが推察される。
37) Recourse to Article 25 of the DSU, United States- Section110 (5) of the US Copyright Act, WT/DS160/15, 3 August 2001.
38) Valerie Hughes, "Arbitration within the WTO," *in* Federico Ortino and Ernst-Ulrich Petersmann (eds.) *The WTO Dispute Settlement System 1995-2003* (Kluwer Law International 2004) Chapter7, p.81.
39) US Copyright Act para 4.18-4.19.
40) 代償交渉仲裁の導入は、ドーハ・ラウンド交渉で複数の加盟国の提案にもみられる。例えば、オーストラリアは、当事国間の代償交渉の二辺的性格を問題視し、DSU25仲裁に、代償の程度とともに、第三国の代償交渉権の決定を委ねる旨の提案を行った。Communication from Australia, TN/DS/W/8, 8 July 2002, p.3; Communication from Australia, TN/DS/W/34, 22 January 2003, p.3. 日本は提案において直接DSU25条仲裁には言及していないものの、DSU22条1項の最後に「妥当な期間内に十分な履行が行わ

れない場合には，違反国は申立国と代償交渉に入る」ことを付け加えるべきであるとし，(ECの提案部分を引用して)違反行為によって生じた無効化又は侵害の程度の決定に関して，原パネルのパネリストによって構成される仲裁に委ねられるとした。Proposal by Japan, TN/DS/32, January 2003,Attachment, para. 5.

41) Statements by the United States at the Meeting of the WTO Dispute Settlement Body, Geneva, January 26, 2015, p.3。履行が行われない背景には，米国において小規模の飲食店・売店から著作権料を徴収するのに要する費用が支払いライセンス料を上回るため米国議会に法改正を行う動機がなく，ECも金銭代償に関する暫定的合意の延長に異議を唱えていないことが指摘できる。ただし，「代償」はあくまで一時的な手段にすぎず，勧告の完全な実施が優先される点に鑑みれば，このような代償に関する当事国間合意のWTO協定適合性が問題となろう。

42) 玉田大『国際裁判の判決効論』(有斐閣，2012年) 10頁。

43) ここで描くイメージは国際紛争処理の構造を，交渉を始点として義務的裁判にむかってひとすじの単線をたどるという「単線構造論」に依拠している。

44) パウェリンは同様にDSU25条仲裁の未来が明るくないことを指摘している。その理由として，第三国は紛争当事国の同意を得て初めて手続に参加できるなどの仲裁の「私的性質」がますます多角的性格を強めるWTOに馴染まないことや，DSU25条では上訴審をもたないため，司法化した制度にあって加盟国がその選択を行うようには思えないことを挙げている。Joost Pauwelyn, "The Limits of Litigation: "Americanization" and Negotiation in the Settlement of WTO Disputes", *Ohio State Journal on Dispute Resolution*, Vol.19(2003), p.138.

45) 金銭代償が実施されたもう1つの事例として，United States- Subsidies on Upland Cotton, WT/DS267。本件の詳細については京極(田部)智子「WTO紛争処理制度の意義と限界——米国・綿花補助金事件からの示唆」『日本国際経済法学会年報第22号』(2013年)，216-246頁を参照。

46) 川瀬剛志「WTO紛争解決手続の履行問題——手続上の原因と改善のための提言」RIETI Discussion Paper Series 06-J-023, 17頁。金銭代償が抱える問題点については，Marco Bronckers and Naboth van den Broek, Financial Compensation in the WTO Improving the Remedies of WTO Dispute Settlement, *Journal of International Economic Law* Vol.8(1) (2005), pp.101-26; BRYAN MERCURIO, Why compensation cannot replace trade retaliation in the WTO Dispute Settlement Understanding, *World Trade Review* Vol8 (2) (2009), pp.315-338.

47) 米国著作権法事件における金銭代償と履行の関係については，川瀬剛志「「法それ自体」の違反に関するDSB勧告の履行」川瀬剛志・荒木一郎編著『WTO紛争解決手続の履行制度』(三省堂，2005) 391-392頁参照。

48) 酒井啓亘「国際司法裁判所における紛争処理手続 紛争当事国と裁判所の間の協同プロセスとして」『国際問題』第597号 (2010年)，16頁。

49) 米国・著作権法110条事件では，当事国は上級委員会には上訴をせず，その代わりに仲裁に代償額の決定を求めた点からも，本件紛争の性質が司法化したWTO紛争手続に

よる解決の限界を示す一例と考えられる。本件では米国国内の利益団体による反発から法改正を伴う履行が直ちに期待できないことが当初から予見され、また、TRIPS 協定義務違反を問われており、具体的損害額の決定が他の事案に比べて困難であったといった事情が仲裁利用に繋がったと考えられる。

50) 伊藤一頼「WTO における紛争処理の意義と限界：司法化の進展と政治的解決の位相」『国際問題』第597号（2010年），40-41頁。

（同志社大学法学部助教）

〈文献紹介〉

Valentina Vadi,

*Cultural Heritage in International Investment
Law and Arbitration*

(Cambridge University Press, 2014, 374p.)

ウミリデノブ　アリシェル

1　はじめに

　投資仲裁の広範な利用に伴い非経済的な側面を持つ紛争の付託も増加しており，その中で，投資受入国の文化遺産保護政策が問題となった事件も登場している。そこでは，投資家の経済的利益を保護する国際法規範と文化遺産保護に関する他の国際規範との衝突の問題だけではなく，ホスト国の文化政策上の公益的関心が如何に投資仲裁において考慮されているのかという点も論点の1つとなる。この問題に関しては，従来，伊藤一頼会員が「文化政策と投資保護──公益規制による財産権侵害の投資協定における位置づけ」(RIETI Discussion Paper Series 13-J-025 (2013), 27頁) という論稿において，ホスト国の文化政策に関連する過去の仲裁判断の分析を通して，「投資保護ルールには受入国が合法的に規制を導入するための十分な解釈の幅があるため，合理的な政策上の目的と手段の下に制定された規制であれば，仮にそれが外国投資家に何らかの損害を与えるとしても，条約違反と認定されることはないと考えられる」と結論づけ，幾つかの具体的な政策提案を提起している。だが，この問題を単なる投資という観点からだけではなく，文化という観点からも総合的に検討することが課題として残されている。今回紹介する，イギリスのランカスター大学 Vadi 教授により2014年に公表されたモノグラフィは，この問題を初めて文化・投資という双方の観点から学際的に扱った文献として注目される。尚，著者は，既に2011年，公衆衛生と投資協定の関係についての著書を公表しており (Valentina Vadi, Public Health in International Investment Law and Arbitration (Routledge, 2012))，著名である。

　本書は，Vadi が2008年以降公表した一連の論稿を加筆・修正し，体系的に仕上げたものである。冒頭に書かれている通り，著者は国際投資法と国際文化法との間の「文化の衝突」(clash of cultures) を扱う (1頁)。本書において著者は，主として2つの問題設定をする。すなわち，投資法及び投資仲裁において「文化」という要素が主流 (mainstream) となることが出来るか，また，出来るとすれば，どのように主流となり得るか，という問題である。これらの問題を検討することが本書の主たる目的であり，そのために，第1に，投資仲裁において文化遺産に関する全ての仲裁事例を体系的及び完全に調

査，公表すること，第2に，2つの価値を調和するための立法論的（de lege ferenda）及び解釈論的（de lege lata）方法を提供することが目指される（6頁）。

以下，本書の概要を紹介した上で（2），幾つかの点につき若干コメントをする（3）。

2　本書の概要

本書は3部から構成される。

第一部では，国際文化法（international cultural law）と国際投資法につき，それぞれの定義と両者の関係が論じられる。先ず，第1章「国際法における文化遺産」では，著者は，文化遺産について広義の概念を採用し，文化遺産は5つの法的要素からなると述べる。すなわち，文化遺産は，①世界遺産，②文化多様性，③無形の文化遺産，④水中文化遺産，及び⑤先住民文化遺産に分類される（18頁）。その上で，著者は，国際文化法と他の国際法分野との関係を探求する「連関パラダイム」（linkage paradigm）を採用する。著者によれば，「連関パラダイム」を採用することにより，例えば，文化に関連する仲裁判断を検討する際，国際文化法が経済的グローバル化の中で如何に効果を発揮しているのかを明確にすることが可能になるのである。

第2章「国際投資法」では，現行の国際投資法と投資仲裁の発展が整理される。そこでは，国際直接投資を規制する規範的枠組みの歴史的な発展や，投資仲裁の主たる手続的特徴，また，投資仲裁の位置付けに関してぶつかり合う最近の記述的パラダイム（グローバル行政法説，商事仲裁説等）や，投資法・投資仲裁の正統性の危機（legitimacy crisis）が簡潔に説明される。投資協定（及びそれに基づく投資仲裁）は，貿易協定よりも国家の規制主権により深く介入することが出来，国際法におけるパラダイム転換を齎した「革命的なイノベーション」（revolutionary innovation）である。Vadiに依ればこの分野は，未だ十分理論化されていないものの，国際法と歩調を揃えて進化し，国際法のさらなる発展に寄与する可能性を有している。

第二部は本書の中核部分をなす。第二部において著者は，文化遺産と国際直接投資との衝突に焦点を合わせ，文化遺産の類型毎に関連する投資仲裁事例の批判的分析を行っている。

第3章「世界遺産と国際直接投資」では，ユネスコ世界遺産諸条約及び同条約に登録された世界遺産の保護と投資家の経済的利益との衝突が生じた仲裁事例が紹介される。収用，無差別待遇及び公正衡平待遇等が問題となった様々な事例を検討した結果，著者は，他国際経済機関と異なり，投資仲裁では，全ての事例において世界遺産条約が考慮されていることが注目に値する（remarkable）と評価する（134頁）。また，著者は，新しい傾向として投資家が投資受入国にその文化政策を維持するよう求めていることをも指摘し，投資家が常にホスト国の文化政策と正面から衝突するわけではないという側面があることを明らかにしている。最後に，実効的な紛争解決機関が欠けている文化遺産に関する投資仲裁による状況の改善が期待される一方，仲裁管轄権の範囲が狭い故に

国際文化遺産法における全ての問題に対応出来ないその限界についても著者は指摘する。

水中文化遺産と国際直接投資との関係に関する第4章においては，著者は，歴史的な難破船など水中文化遺産保護における公益と私的利益との衝突を調和する（reconcile）上での投資法の役割について論じる。そこでは，沈没船の引揚積荷を回収するサルベージ契約（salvage contract）をめぐる Malaysian Historical Salvors 管轄権判断（ICSID）の事例を巡って，水中文化遺産を商業化すべきではないと主張する単純主義（purist view）と，これを商業化することによって公にその利益を与えるべきであると主張する重商主義（mercantilist view）との対立が紹介される。この点につき著者は重商主義を支持し，サルベージ契約のような水中文化遺産と関わるものは投資協定上「投資財産」として認定されるとし，水中文化遺産を商業化することによりこれに対する投資法の適用可能性を強調する。

第5章では，文化的多様性（cultural diversity）と無形遺産（intangible heritage）に関する文化政策（例えば，主導文化 [Leitkultur]）におけるホスト国の規制裁量の正統な範囲が検討される。その答えを得るために，著者は，まず文化多様化性及び無形遺産の定義とその法的枠組み（関連するユネスコ条約）を詳細に紹介した後，Lemire, UPS, Pey Casado 等の投資仲裁判断を素材として，公正衡平待遇，無差別待遇，パフォーマンス要求及び損害賠償等投資協定の実体規定の適用について考察する。結論として，著者は，第3章でも述べたように，ここでも投資仲裁がますますホスト国の文化に関する公益関心を考慮し，他の国際法原則にも触れるようになっていることを指摘する。但し，最後に，著者は，投資仲裁が未だ狭い管轄権しか有していないため，文化遺産保護に関する紛争を処理する上で果たして一番適切なフォーラムと言えるかという点について，疑問を呈している。

第6章では，文化遺産のもう1つの側面である天然資源と先住民の文化遺産に対する国際投資法による保護が検討される。数多くの先住民文化が世界遺産の対象外とされる現在においては，ホスト国が経済的観点から，先住民文化を投資家保護のために犠牲にする可能性がある。また逆に，ホスト国が先住民文化保存のために採る措置は投資家の財産権を侵害し得る。著者は先ず，先住民文化遺産が慣習国際法上保護される権利として保護される可能性を指摘した上で，北米中心に起きた Glamis Gold や Grand River 仲裁判断を批判的に検討し，投資仲裁がホスト国の先住民文化政策上の裁量権に敬意を払っていることを明確にする。また，それに止まらず，投資仲裁が amicus curiae 等手続上の制度を改善し，透明性を高めていることを肯定的に評価する。にも拘らず，投資仲裁人は国際法上の先住民文化保護ルールと異なる解釈をする，いわゆる認識論上の誤用（epistemological misappropriation）という危険性があり，投資仲裁は構造的に先住民の参加を制限しており，彼らの文化遺産保護にとって適切なフォーラムではないかも知れ

ない,として,著者は,前章と同じく,改めて自らの疑問を示す。
　第三部「文化産業における投資」の主たる目的は,国際法の統一性(unity)と投資法の人間化(humanization)のための投資法の解釈手法を洞察することにある。
　第7章において,著者は,2つの価値を調和するための立法論的(de lege ferenda)及び解釈論的(de lege lata)方法を提供する。まず,著者によれば,国際投資法も国際文化法もそれ自体自己完結的な法制度ではなく,両分野は国際法と常に連続性(continuity)を持っている(241頁)。また,両分野の間に調和的関係はない。このような前提に立ち,この章は,第1に,既に存在しているメカニズムとしては,例えば,投資仲裁外紛争解決(調停・斡旋)の活用や,多国籍企業の文化遺産に関する企業責任(CSR)の強化等指摘される。第2に,立法論上の政策提案としては,投資協定において文化に関する除外規定,及び,対象措置の文化遺産への影響を識別する手段として文化遺産の影響評価(cultural impact assessment)に関する規定の挿入が奨められ,政策立案者と仲裁人に対し,対立する両分野での価値観を組み合わせるための政策提案を行っている。

3　コメント

　高度の紛争解決機関を持っている国際投資法は徐々に他の分野にまで拡大しており,投資仲裁という紛争解決手段の有用性が他の分野の学者の注目を集めている。文化遺産保護に関する国際法の領域もこの点例外ではなく,Vadiは何度も文化遺産保護に関する投資仲裁の可能性という点に触れている。著者が本書で指摘した通り,国際投資活動と重要な文化遺産の保護とは密接な関係があり,投資家の活動と重なる点が多い。例えば,現在世界中にいる4億人あまりの人々の先住民文化が投資開発のために消滅する危険に曝されていると言われている(219頁)。そこで,文化遺産保護のために投資仲裁をどこまで利用出来るかは切実な問題となる。だが,投資協定の主たる目的は投資の自由化とその保護にあり,仲裁廷の管轄権には一定の制限が設けられているのであって,他の事項は二次的な関心事項となる。このような状態において,投資仲裁は文化遺産の保護に関して実効的な制度となり得るのか。この点に関するVadiの主張に対し,以下若干のコメントをしたい。
　まず,紹介者は,投資法は自己完結的法制度ではなく,国際法の一部にすぎないという著者の立場(240頁)に同意する。現在多くの投資紛争が処理されているICSIDの第42条(1)は適用法規の1つとして国際法を挙げており,そうであれば,紛争の際,一方の当事者であるホスト国が加盟する文化遺産保護関連条約が関わってくる。例えば,ユネスコの多くの条約は世界の殆どの国々によって批准されている。そこで,著者が主張するように,仲裁人には国際文化法等国際法の他の分野の法規範をも考慮した上で国際法規範を一貫した制度的な形で解釈することが期待される。この意味で,投資仲裁は文化遺産の保護に一定程度貢献し得るといった見方も出来るかも知れない。そのような

解釈は，究極的には，現在強く批判されている投資仲裁制度の正統性の根拠を強化することに繋がるだろう。

だが，条約法条約第31条3項（c）の体系的統合原則にも限界があり，文化遺産保護の投資仲裁による実効的な保護機能は不十分なものとならざるを得ない。何故ならば，これまで提訴されて来た殆どの文化遺産に関する事件が示すように投資紛争において文化遺産問題或は文化的問題が中心となる事例は限られているからである（177頁）。また，仮に紛争において文化的問題が中心となるべきであったとしても，投資受入国及び投資家が，文化遺産の保護よりも，例えば石油の採掘に関心を持っている場合には，投資仲裁が積極的にその先住民の権利保護に関わることは困難であり，限定的な管轄権しか持っていない仲裁廷に大きな期待をすることは出来ないだろう。そこで寧ろ，国際法が急激に司法化している現状においては，（玉田大「投資協定仲裁の多角化と司法化」国際問題597号（2010年）44頁）文化遺産保護分野に特化した司法機関の設立が，同分野のニーズに適切に応える回答になるのではないかと考える。

4　おわりに

本書は，国際経済法学者の関心が十分には及ばない国際文化法と国際投資法とを見事に結びつけている点で意義が大きい。投資仲裁のような効果的な紛争解決制度が存在しない国際文化法において投資仲裁の手を借りて如何にして貴重な世界文化遺産の保護を強化していくのかが，著者の中心的な狙いである。幸いなことに，投資仲裁がホスト国の文化政策に敬意を払っていることは明らかであり，今後もこのような方向での発展が望ましい。Vadi も指摘する通り，国際投資法は他の法分野に関しても洗練され（232頁），ホスト国の公益的な規制関心を反映させたその解釈手法が次第に確立しつつある（伊藤・前掲7頁）。文化と投資との関係に興味を持つ全ての読者にこの本を推薦したい。

（名古屋大学大学院法学研究科特任助教）

Yves Bonzon,

Public Participation and Legitimacy in the WTO

（Cambridge University Press, 2014, xiii +313 p.）

関　根　豪　政

1　はじめに

本書は，Yves Bonzon 氏がローザンヌ大学に2012年に提出した博士論文を基礎に執筆されたものであり，そのタイトルが示すように，WTO における公衆の参加の可能性と正統性について検討を行った書籍である。ただし，筆者の執筆の動機は，2013年の第9

回閣僚会議（バリ）や2005年の第6回閣僚会議（香港）にみられた NGO の積極的な参加という事実や，WTO での交渉や内部機関の活動における公衆参加に関する学術的な議論の高まりにある。それゆえに，本書は WTO の政治的な組織における公衆参加に焦点を当てており，紛争解決手続における私人の参加は中心的な視点とはしていないところに特徴がある。以下では，本書の概要を記した上で，若干の評価を行いたい。

2　本書の概要

本書は全3部，8章から構成されている。第1章（序章）の後に続く第Ⅰ部では公衆参加の理論面での検討を行い，第Ⅱ部では WTO における公衆参加の実情を考察している。そして，第Ⅲ部では，WTO における公衆参加を促すための政策論的視点を提供している。

第Ⅰ部では最初に，公衆参加の根源を把握することを目的に，国内レベルでの取り組みを検討する（第2章）。具体的には，米国，EU，スイスの3カ国（地域）を取り上げ，それらにおける公衆参加の実現状況について評価した上で，公衆参加の目的には代表制の強化等が含まれることを指摘する。そして，そうであるならば，WTO を含む国際法において民主主義の原則がどの程度関連しているかが前提的な問題になるとして，その検討を第3章にて試みている。

その第3章で筆者は，国際レベルにおける公衆参加を民主主義の側面から捉える上での2つの論点として，第1に，民主的正統性の基準からの国際法の評価（正統性の言説）について，第2に，正統性の欠如（legitimacy deficit）に対処するためのメカニズムについて触れる。より具体的には，前者については，国際法における正統性の欠如に関する理解の変遷（法的正統性から社会的正統性への重点の移行）と，それに関連する各学説の動向をレビューする。後者に関しては，「国際的原則としての民主主義（international principle of democracy）」と「国際民主主義の原則（principle of international democracy）」の展開を考慮しつつ，正統性の欠如を解消するための活路としての国際レベルでの熟議民主主義の実現可能性について考察する。さらに筆者は，公衆参加をグッド・ガバナンスの原則（principle of good governance）の構成要素として捉え，WTO における同原則の形成を検証する。その際，筆者は，紛争解決組織がそれを推進しつつある点（例えば米国・マグロラベリング事件パネル報告）に触れる。また，本章では「多様な正統性要請（varying legitimacy requirement）」の概念について解説する。これはすなわち，問題とされる決定が採択される際に，その主題，論争の度合い，法的性質等に応じて異なる正統性が求められることを意味する。この概念を基礎に，WTO での公衆参加の実情を検証する第Ⅱ部へと展開されている。

第Ⅱ部はまず，形式的な側面（WTO の意思決定の組織や手続の態様）に焦点を当てる（第4章）。ここで用いられているのが「制度的な分化（institutional differentiation）」の概念である。これは，ある決定がどのような組織や過程を経て形成されるかとの透明

性ないし予見性を捉えるための概念であり，制度的な分化が明確なほど意思決定の過程も明白となり，公衆がWTOに参加しやすい状況が生まれることになる。筆者は，WTOにおける分化の度合いを，交渉機関（貿易交渉委員会等），通常機関（閣僚会議及び一般理事会，並びに関連下部機関），事務局を取り上げて検証する。そして，各政治組織が重複的な権限を有することや，コンセンサス方式や一括受諾方式の存在が非公式会合の開催を招いていることが，WTOにおける制度的な分化を不透明にしている（結果的に公衆参加を妨げる）と指摘し，組織的な改革の必要性を訴える。とりわけ，限定的な構成員から組成される機関の創設や，事務局の権限強化を提案する。

　第5章は前章とは異なり，実質的な側面に着目する。すなわち，WTOにおける決定がどのような内容を含むかとの視点である。筆者は，WTOにおける決定を，WTO決定と非WTO決定とに区別し，前者をWTOの政治組織によって制定される決定，後者をWTO外の国際組織による決定として捉える。その上で，前者に関しては，TBT委員会やSPS委員会などにおける活動や決定を具体例として取り上げ，その役割が手続的制約を設定するガイドライン等の形成にあり，そこではハード・ロー的な調和が実現されるわけではないことを指摘する。その一方で，それらWTO機関の活動が加盟国間の政策調和を促す場となる面を捉えて，準立法的な機能の存在も示唆する。非WTO決定については，WTO協定が実際に言及する国際機関の基準（規格）と，言及しない非WTO組織の規則とに細分化して議論した上で，非WTO決定については，WTOの紛争解決組織がそれらを参照することによって，同組織が手続審査的な機能を担い，WTO外で公衆参加が拡大する余地があると論ずる。

　第Ⅲ部の第6章では，WTOで実現可能な公衆参加を模索する土台として，他の国際組織における状況が分析されている。幅広い国際組織が取り上げられ，公衆参加の法的根拠，その目的，参加の態様や方式，参加が認められる非国家主体の範囲，実際の参加手順等が詳細に記述されている。また，公衆参加と密接な関係を有する要素である情報公開の仕組みについても触れられている。これらの分析を通じて筆者は，国際レベルの公衆参加のメカニズムでは，その目的の1つが民主主義原則とは明示的には捉えられていない点や，国内制度と比較して，とりわけ参加者の範囲の画定や文書へのアクセスの面において，消極的な傾向が見られる点等を強調する。なお，本章では，非国家主体の公平な代表を実現できるように国際組織が行っている工夫も紹介されている。

　そして第7章では，WTOにおいて公衆参加を公式化するための政策的提言が行われている。筆者は，民主主義がWTOにおいても関連する原則であることや，SPS委員会やTBT委員会といったWTO機関による社会的規制を含む決定については公衆に開放されるべきである等の視点から，WTOの公衆参加ガイドライン（WT/L/162，本略称は筆者の表現を利用），及び，WTO文書の配布及び制限解除手続に関する一般理事会決定（WT/L/452）の改正を提案する。また，紛争解決手続に関しては，米国・マグロラ

ベリング事件上級委員会報告における TBT 協定第2.4条の「関連する国際規格」の解釈を受けて，国際基準設定機関の規格が TBT 協定第2条でいう関連国際規格としての地位を得るためには，当該機関に WTO の司法的な審査に耐えられるだけの水準が求められるのであり，それを満たす1つの構成要素として公衆参加の確保が考えられるとする。そして筆者は，このような動向が，WTO 全体として国際規格の制定過程に公衆参加を促すことへつながり，ひいては WTO における公衆参加の公式化に発展すると期待を寄せる。

最後に，結論とされている第8章では，これまでの議論が簡潔にまとめられている。また，本書の末尾には，公衆参加ガイドライン及び WTO 文書の配布等に関する一般理事会決定が，筆者の修正提案を含めて収録されている。

3 本書についてのコメント

これまで，WTO における公衆参加の問題を扱った研究を単著として上梓した例は少なく，その点に本書は大きな意義があるといえよう。実際に本書は，書籍であるとの強みを生かして，加盟国国内や WTO 以外の国際組織における公衆参加の仕組みの広範な分析を行いつつも，それら複合的な要素を WTO における公衆参加に結び付けつつ論ずる，一貫した視点からまとめている。

本書のこのような総合的なアプローチは，WTO における公衆参加が多面的に捉えられることを読者に認識させてくれる。すなわち，WTO の活動において公衆参加が確保されているかとの直接的な関係のみならず，WTO との結びつきが強い国際組織や，加盟国における公衆参加を促すという間接的な側面の存在である。具体例としては，国際基準設定機関における意思決定の過程を WTO が司法的に審査することによって，WTO 外での公衆参加を促すとの指摘が挙げられる。このように，本書は WTO 外における公衆参加と WTO の関連性を随所で指摘してくれることにより，WTO へのアクセスのみに着目する近視眼的な思考に陥ることを避けてくれる。

また，本書では，WTO の意思決定過程が制度的に整備されていない点が，公衆参加を害しているとの，構造的な視点からも分析を行っている点も着目される。なかでも，限定された構成員から組成される機関等が存在していないことが，国際組織主導の透明性の高い決定の実現機会を減ずる（裏を返せば，加盟国主導の非公式な手続や決定の蔓延につながっている）要因となっており，それが，公衆のアクセスを困難にしているとする指摘は興味深い。この指摘は，公衆参加の問題のみならず，WTO の交渉や意思決定過程の円滑化を図る上でも有益な示唆を与えるものといえよう。

それに対して，本書には若干の疑問も存在する。最大の疑問点は，「なぜ WTO の政治的機関で公衆参加を拡大すべきか」との前提問題に対して最後まで曖昧な点であろう。さらにいうと，本書は，「公衆参加を拡大させる」ことが所与の目的として強調され過ぎてはいないかとの疑念を抱かせる。特に，本書の中盤以降で展開される WTO の改革

案は専ら公衆参加の拡大のために議論されており，本来は手段であるべき公衆参加が目的にすり替わっているような印象を与える。おそらく，このような疑問が生ずる原因の1つとして，実証的な説明が理論面と比べて不十分なことが指摘できるのではないか。すなわち，国の代表から成る既存のWTOの政治的機関の何が問題か，あるいは，なぜ公衆の参加がそこで必要とされるのか等が，十分には明確にされていないと思われる。国際組織における拙速な民主主義の実現に懐疑的な論者も存在することから，公衆参加の拡大の下地がどの程度までに醸成されているかについて，もう少し丁寧な説明が必要だったのではないだろうか。

他方で，公衆が参加することそれ自体に意義があるとの前提（すなわち，インプットの正統性を重視する立場）に立って，筆者が指摘するようにWTOの正統性の欠如への対処の必要性を認めたとする。となると，それが，筆者が表現する「非国家主体」のWTOへのアクセスで解決が可能かとの疑問が湧くが，かかる問題についても筆者は沈黙している。この点につき，例えば米谷教授は「正統性の補完のためにNGOを参加させるべきという論理はそれ自体として支持しがたい」と断言する（米谷三以「WTOへの私人参加：問題は正統性か専門性か」『国際経済法講座I』（法律文化社，2012年），205頁）。このような指摘がある中で，NGOがWTOでの適切な代表者たり得るかとの議論なく，NGOや非国家主体の参加機会を拡大することのみ議論することには違和感を覚える。

もっとも，これらの問題について筆者は，拡大する公衆参加の要請に対応するとの現実面を優先したのであり，あえて公衆参加の必要性に関する議論は理論の整理に留めたともいえる。そうであれば，評者の疑問は筆者の意図を汲まない早合点かもしれない。筆者が示すように，WTOにおける公衆参加の実現に向けて先駆的に制度枠組みの整備を進めることは実践的な側面から有意義といえ，本書は，そのためのオプションを多角的に提示する優れた書籍である。

(名古屋商科大学コミュニケーション学部専任講師)

Frédéric SCHMIED,

Les effets des accords de l'OMC dans l'ordre juridique de l'Union européenne et de ses Etats membres

(Fondation Varenne, 2013, 606p.)

兼頭　ゆみ子

1　本書の趣旨と用語法

　書名を一見する限り本書は，GATT・WTO法（以下，WTO法）が構成国を含めたEU法秩序圏に及ぼす効果，影響を分析するものに思える。しかし，副題に「法のグローバル化に及ぼすEUの影響に供する援用可能性 L'invocabilité au service de l'influence de l'Union sur la mondialisation du droit」とあるように，本書の内容は，WTO法を法のグローバル化の主要な発現形態ととらえ，EUにおけるWTO法の効果を援用可能性概念を通して検討し，そこから，逆に，EUが法のグローバル化へ及ぼす影響を描き出そうとする試みである。

　経済やリスクのグローバル化は必然的に法にもグローバル化をもたらしたが，この現象の発展の程度およびその速度が最も進んでいるのが経済法分野である。法のグローバル化は他方で，グローバル化された法と矛盾する規範や価値との対立を引き起こし，様々な法秩序レベルにおける法の多様性を尊重・承認し，他の価値との調整を志向する動きを必然的に生じさせる。法のグローバル化に関する理論や多元主義理論はこのための調整原理として，規範の相互作用や法秩序間の調和・連接を制御する裁判所の役割を重視する。本書は，大局的なこれらの理論をミクロ的観点から批判的に検証する視点をもち，EU法や国内法の司法におけるWTO法援用を検討し，EUが法のグローバル化にどの程度影響しているのかを分析する。

　本書が用いる援用可能性 invocabilité は，EU法と国内法との関係に関して Denys SIMON（パリ第１大学教授）が用いる概念の借用である。裁判所による外在する上位規範の用い方，その形態を援用可能性とし，これを類型化する（したがって，本書の invocabilité は援用が可能かどうかではなく，援用の形態を指す言葉であるから，訳語としては「援用」，あるいは「援用の仕方・方法」とする方が適当だと思われる。以下，invocabilité は「援用」とする）。代替的援用 invocabilité de substitution とは，外在規範が内在規範を排除し，これにとって代わる効果をもつ援用を意味する。EU法における直接効力と同義で用いられるが，直接効力の要件とされる私人へ権利義務の付与は，代替的援用が及ぼす効果の１つととらえる。代替的援用（直接効力）の要件は充足しない

が，内的規範を外的規範が退ける（代替はしない）援用を除外的援用 invocabilité d'exclusion と呼ぶ。組入れによる援用 invocabilité par incorporation とは，参照・言及による外在規範の援用である。参照規範に反する内在規範を排除する点で上二者と同等の効果が認められる。補償的援用 invocabilité de réparation とは，個人の権利を創設する上位規範に認められる援用形態である。内在規範を排除・代替する効果はないが，上位規範の違反によって生じた損害に対する補償を可能とする。適合解釈援用 invocabilité d'interprétation conforme とは，可能な限りにおいて上位規範を内在規範に適合させる援用をいう。内在規範を代替・排除するものではなく，両者の意味を両立・調整する効果に留まる。最後に，「間接的」援用 invocabilité « médiate » がある。外在規範が既に内在規範化されていることを前提とするため，実質的には内在規範そのものの援用である。組み入れによる援用と同じ効果が生じる。

2 本書の概要

このように，代替的援用を最も強度のものとして，形態・効果の点から様々な「援用」を設定し，EU 司法裁判所（以下，裁判所）による WTO 法の援用について，その閉鎖性 fermeture（第Ⅰ部）と開放性 ouverture（第Ⅱ部）の両面を評価する。

まず（第Ⅰ部第Ⅰ編），国際法，EU 法，国内法，これら法秩序間の規範的整理が予備的考察としてなされる。そして，EU 法・国内法の関係を前提とした上記の援用の考え方が，EU 締結条約と EU 法との関係にも転用できることを確認する。また，EU 法の優越から派生する効力が EU 締結条約にも認められること，したがって，EU 締結条約と国内法の関係にも「援用」が用いられることも確認する。よって，WTO 法と EU 法の接近・統合だけでなく，WTO 法と国内法のそれに関しても EU 法は決定的な影響力を有しており，いずれにおいても EU 法（上の裁判所）が援用形態とその効果を決定する。EU は共通通商政策に関して排他的権限を有し，その範囲は WTO 法とほぼ同等の範囲にまで及ぶため，上記の関係がよく当てはまる。

EU における WTO 法の援用の閉鎖性は，代替的援用と補償的援用の拒否という形で示される（第Ⅰ部第Ⅱ編）。47年 GATT の時からこの対応は変わらない。GATT に対しては組織的・規範的な柔軟性を理由に，私人および国家によるこれらの形態の援用が認められなかった。WTO に対しても基本的に GATT と同じ理由で，つまり，協定の構造，制裁メカニズムに現れる柔軟性の点から WTO 法と DSB 勧告に関する代替的援用と補償的援用は認められない。これらの形態の援用が否定される根拠は，条約の構造に表れる締約国の意思の尊重と EU 政治機関の裁量を確保する必要性にある。法のグローバル化に対するこのような形での EU の抵抗は，まず政治機関の意思表明とその規範化に示されるのであり，裁判における援用拒否という効果はこの意思の尊重にすぎない。この裁量が発揮されているのが，健康・環境の保護と開発協力の分野である。前者は，経済的価値と対立するこれらの保護を確保する EU 法の発展をもたらし，WTO 法に煩

わされず，より高度な保護が追求されている。後者は，とりわけ ACP 諸国との協定において，通商面で WTO 法による一定の修正を受けているが，政治的コンディショナリティーを介して EU が保護する諸価値を対外的に広めることに寄与している。このように一定の援用方法を閉じることで，EU は独自の作用領域を確保し，自らの利益や諸価値を保護するとともに，WTO 法に対向する形で EU 的価値に基づく法のグローバル化を推進している。

WTO 法と EU 法の関わりは以上に尽きるわけではない。WTO 法から EU 市場や市民が利益を得る，WTO 法と EU 法に収斂がみられる，あるいは，WTO 法によって EU が促進する価値が守られる，このような場合，法のグローバル化に EU は積極的に関わり，かつ，これを利用する。そして，このことは裁判所が WTO 法の一定の援用を認めることに表れる（第 II 部第 I 編）。まず，EU 法に WTO 法が取り込まれ，実施されている範囲と程度を検討し，そこに立法・行政による裁量が働いていることを確認する。関税の様式等の技術的な規定や知的財産権の保護等，WTO 法をそのままコピー＆ペーストで取り入れている例から，関税分類，不公正な貿易慣行に対する迂回防止措置等，選択的な規範の取込みや裁量的実施もみられる。このような EU 法化された WTO 実施メカニズムは，裁判所が WTO 法の一定の援用を認める際に影響を及ぼす。

EU 法化された WTO 実施法を WTO 法に照らして適合審査することは原則的に認められないが，例外的に認められる形態として，「間接的」援用，組入れによる援用（Fediol 判決理論），EU 立法者の実施意図に基づく援用（Nakajima 判決理論）がある。これらは，代替的援用や除外的援用と同じ強い効果を生じさせる場合と単なる適合解釈に留まる場合とがあり，判例に揺らぎが生じている。これは，WTO 実施法に示される立法意思や裁量を裁判所が考慮し，援用要件の評価が厳格化されるからである。しかし，とりわけ後二者の援用はほぼ用いられなくなっており，ますます適合解釈援用に変わりつつある。

最後に検討するのは，適合解釈援用である（第 II 部第 II 編）。適合解釈援用は様々な規範関係に比較的自由に用いられる。EU 法と WTO 法の間に一定の同等性がある多くの場合，適合解釈援用は単に裁判所が導き出した解釈が国際法を尊重していることを確認するに留まり，WTO 法による EU 法や国内法の排除といった効果は生じない。しかし，例外的に，EU 法の解釈を通じて国内法を枠づける場合や，解釈により EU 法や国内法の欠欠が補充される場合，適合解釈援用とはいえ代替的・排除的援用と同等の効果が生じる。

適合解釈援用には裁判所に裁量の余地があるように思えるが，いくつかの限界がある。国家が有する排他的権限や EU の基本条約は解釈審査の対象とならない。また EU 法の特性等により EU 法・国内法が明確に WTO 法に反する場合，審査は回避される。一般的に，条約と EU 法との適合解釈は，常に，EU の解釈権限や EU 特有の価値を含む総

体的な EU の法益を損わない限りでしか作用しない。適用解釈援用が法のグローバル化に寄与する程度は弱く，むしろ，この形態の援用は法が収斂した結果を示すにすぎない。最後に，WTO 法の適合解釈援用を，非貿易的価値を擁する他の条約の援用と比べた場合，後者の方が柔軟に用いられるように思われるが，これもまた裁判所の裁量ではなく経済的価値とその他の価値とを WTO 法とは別の形で尊重する EU 式の多元主義の反映である。

結論として，EU はその経済的・政治的目的に基づき，2つの観点から国内法の収斂に向かうグローバル化の流れに関与している。第1に，WTO 法の尊重を調整し，これに抵抗することで，EU 独自の価値を保全し，普及させている。第2に，EU は自らの経済的利益の保護を可能にする限りで，WTO 法を域内適用し，法のグローバル化を促進している。この相反する作用と法のグローバル化に EU が及ぼす影響を決定するのは専ら政治意思であり，裁判所は，EU の目的実現に寄与しうる限りにおいて，法の多元化作用に機会があれば関わるにすぎない。

3 若干の評価

EU 裁判所が下す GATT・WTO 法に関する判決は膨大かつ散漫であり，理論化が困難な対象であるが，これらの判例を渉猟し詳細に分析し，ある程度一貫性をもって整理・提示する試みとして，本書はまず，評価することができると思われる。また，「援用」概念を介して，EU が法のグローバル化に抵抗するだけでなく，これを促進してもいるという二面性を適切に描き出している。

また，下位秩序による上位規範の尊重という従来の階層的枠組みを出発点としつつも，分析の軸である「援用」概念の客観性により（それ故，例えば，適合解釈「義務」という視点はとらない），照合される規範間の相互関係の現実をあぶり出し，裁判所が及ぼす作用を明らかにする手法は，ユニークで興味深い。設定されている援用形態の一部は，EU 法にのみ，あるいは WTO 法関連の判例分析にのみ必要で設定されているものもあるが，このような視点は裁判作用一般に通じるものである。

本書は，多元主義理論等にみられる裁判官の役割の過大評価を修正するために，ほぼすべての判決の解釈から明示的・黙示的に立法意思や EU の利益を読み込み，いかに裁判官がこれらに枠づけられているかを導出することに専念している。確かに，異なる法規範・法秩序の関係は，特に目立つ裁判作用だけでなく，立法・行政作用を含めた総体の中で評価する視点が不可欠であろう。しかし，判例分析を中心としながら，裁判作用の相対化に終始し，裁判所の積極的な役割を評価する側面がほとんどみられない点は，バランスを欠くとともに，結果として，この裁判所の一般的な評価とのずれを生じさせているように思われる。

（中央大学法学部非常勤講師）

Chris Brummer,

Soft Law and the Global Financial System:
Rule Making in the 21st Century

(Cambridge University Press, 2012, 306p.)

野 村 美 明

1 はじめに

　この本は，グローバルな金融を規制する国際的制度と国家の規制当局および市場参加者というアクターからなるシステムをグローバル金融システムととらえ，これらの国際的制度と国家の規制当局の相互作用によって生成される重層的で多様な規制手段を国際金融法として取り扱っている。したがって，この本の主題は金融市場の規制であり，通貨法や通商法は比較の対象とされているにすぎない。

　著者の Chris Brummer（米国ジョージタウン大学法学教授）の主張の要点は，国際金融法の中心はソフトローであり，それは調整メカニズムとして優位性を持っているが，決して拘束力がないわけではないというものである。ソフトローの「法源」である基準（standard）やベストプラクティスは形式的にはインフォーマルであるが，遵守を強制する（enforce）メカニズムに支えられていると考えるからである（序説5頁）。

　以下では本書の概要を紹介した上で，最後に評者なりに気づいた点を簡単に述べることにする。

2 本書の概要

　著者は，国家の規制当局が用いる規制ツールを「クロスボーダー・ルールと規制の独立法源（independent sources）」であると考える。そこで第1章「領域主義と金融規制手法」では，規制の覇権国であった米国と第2の規制大国 EU を検討している。しかしながら，統一欧州資本市場の出現と BRICs 諸国の台頭によって，米国の経済覇権は浸食され，米国は国内ルールと市場監視を通じた国際金融法の一方的な形成手段を浸食されたという（序説17頁）。

　国境を越えた（cross-border）取引と規制の世界は多極化しており，このことは規制当局に協力へのインセンティブを生み出す。各国は，協力を実現するために，伝統的な政策ツールセットを，①規制戦略に関する情報収集と共有，②公式非公式のルール作りプロセスへの海外市場参加者・規制当局の「関与」（engage），③政策の柔軟性と妥協能力へと拡張する必要がある。第3の点は，ルール作りには高い創造性と柔軟性が必要となり交渉の重要性が高まっていることを意味する（59頁）。

金融のグローバル化は，可動性のある市場参加者や資本が一方的な国家の規制監督を容易に回避してしまうから，国際的な関与（engagement）を必須のものとしている。規制当局は，様々な国際的なフォーラムや機関を通じて，グローバルスタンダード，ベストプラクティスや健全性（prudential）ガイドラインを定立することで，金融のグローバル化に対応してきた。このような国際的なフォーラムが，著者のいう「グローバル金融システム」の中心であり，次に見る第2章「国際金融法の構造」の対象である。

規制当局が参加するフォーラムでは，ほとんどの国際金融監督機関は国際的な義務をともなわない非公式の合意や宣言で設立される。また紛争解決機関を持たない。マンデードも非公式であるため，新しいまたは予測できない事態に対応するために迅速に集まって組織の設立や改革をする柔軟性を維持できる（64頁）。

国際監督システムの中では，IMFなどの公式の国際機関は補助的な役割を果たす。非公式に定立された基準の遵守状況のモニターや事務局を持たない機関のために行政的な補助や分析を行うのである（下記⑤）。

国際金融法は，次の5種類のアクターからなる分立型の規制構造を持っている。①アジェンダ設定者（G-20：20か国財務相・中央銀行総裁会議；FSB：金融安定理事会），②分野別基準設定者（バーゼル銀行監督委員会，IOSCO：証券監督者国際機構，IAIS：保険監督者国際機構；以上のJoint Forum），③専門家基準設定者（IASB：国際会計基準審議会；ハードロー機関のOECDなど），④実施者（各国の規制当局）および⑤モニター役（IMF；世界銀行など）（68-69頁）。

組織の公的性質は，各国政府の協力を獲得するのに必須というわけではない。非公式の機関は，ハードローがなくても，組織や規制当局の複雑な相互作用を組織化することができる。ソフトローは，コーディネーション（調整）の構成要素と中心点となり，規制当局や国家元首をリンクする関係を形成するのである（112頁）。

第3章「国際金融法の遵守理論」は，国際金融法は他の分野のソフトローとは異なり，評判による規律だけではなく組織的な規律を受けており，その限りで伝統的な国際法理論が予測したより強制力が強いと主張する（序章18頁）。

ソフトローとしての国際金融規制が相当の強制力を持つのは，規制当局の遵守記録がその評判に影響し，そこから将来における連携と提携（coalitions and alliances）を成立させる能力にも影響してくるからだ。同時に，基準設定機関は，基準を遵守しない規制当局を組織的な制裁と不名誉にさらすことによって，規律の出所として行動することができる（116頁）。

この章の検討は，ハードローとソフトローは濃淡が徐々に変化する1つのスペクトラムのうえで機能しているだけであって，規制監督の態様において2つにはっきり分かれたり性質的に異なったりするものではないというGuzmanの見解（Andrew T. Guzman, *How International Law Works: A Rational Choice Theory* (Oxford, 2008).）を裏付ける。

ルールがどの程度拘束的かどうかはそれが公式の法的義務かどうかと混同されてはならない（175-176頁）。

ところで、国際ルールや基準が正統性を有さず、一般の人々に対しての責任を問われないのだとすれば、たとえ組織が強制的な力を行使したとしても、説得力や権威を持ち得ない。そこで第4章は「国際金融法の正統性」を問題にする（177-178頁）。

国際金融規制の正統性に対する批判のなかでも、アジェンダ設定や基準設定に関わる機関（たとえばバーゼル委員会）の排他性に対するものは重要である（188-189頁）。しかし、基準設定機関における完全な代表権、参加と正統性を求めるのは非現実的である。政治過程に関わるインプット正統性が代表権の増加という形で改善されたとすれば、ある限界を超えると、遅延、対立、戦略化および異質の利害によって、結果に関わるアウトプット正統性が犠牲となるのである（198-200頁）。

現在の国際金融の制度的構造がかかえる正統性リスクは、批判されるほど深刻ではない。立法府の規制当局に対する行政権の委任は、規制当局が国際的に活動するのに十分な権限を提供する。また、基準設定機関はルール作りの過程で非メンバーのアドバイスを取り入れる新しい手続きを導入したり、協議後の基準受け入れを増加させる積極的な働きかけのメカニズムを発達させたりしている（209頁）。

第5章「ソフトローと国際金融危機」は、国際金融危機後のグローバルな改革を、既存の規制構造の欠陥に照らして検証し、国境を越えた規制協力のメカニズムとしての国際金融法の限界を明らかにしている（210-211頁）。

経営者の報酬問題、金融機関の国境を越えた破綻処理や業務範囲に関しては、もっとも基本的なレベルで国家の役割と国家による介入の妥当性に関する意見の相違がある（254-256頁）。また、金融危機後も、国家間の競争の問題が規制に関するあらゆる意志決定に関わり続けている。

クロスボーダー・ルールは国境を越えた交渉の産物であるから、的を外すこともある。国家の規制当局間の妥協は、最適な結果を求めるというよりも政治的に力のある業界の利益によって動かされうる。各国の規制当局が合意に達したとしても、制定されたルールはグローバルなレベルで必ずしも包括的に実施されるわけではない。国際金融法はソフトロー文書に表現されていても、調整機能とコミットメント形成機能の点で伝統的な国際法に類似しているだけではなく、当事者間の不一致を調整してコンセンサスに達するために条約作成の際に用いられるのと同じような戦略を必要とするのである（265頁）。

著者は、第6章「国際金融法の未来」で、国際金融法の制度的な欠陥を是正するためにFSBやG-20を超えた世界金融機関（World Financial Organization）を作るべきだという意見に対して、実行不可能だとして批判している。

他方で、市場も参加者も国家を超える時代にあって、経済危機に迅速に反応したり、曖昧な国際ルールのギャップを埋めたりする国家の規制監督の重要性は変わらないとい

う（272頁）。

著者は，2008年の金融危機後の2年半における国際金融機関の改革は，未解決の問題を抱えながらも，フォーマルな立法や国際金融機関が存在しない中で広範な規制事項について国境を越えた協力とコンセンサスを強化したと評価している（282頁）。そして，金融市場と金融市場規制の相互接続性と相互依存が進展するにつれて，グローバルな金融システムは適応し，進化し続けるだろうと予測している。

3　コメント

この本は，国際金融法を形成する主要なアクターと主要な規制方法について，第1章と第2章における実証的な分析に基づいて，ソフトローからなる国際金融法がなぜ遵守引力（compliance pull）を持つのかを第3章でネットワーク理論，コーディネーション理論，契約主義的分析，ソフトパワー理論そして「国際関係の法理論」や「法と金融に関する学説」など参照しつつ，批判的に検討している。しかしながら，これらの理論の意味が説明されていないので，著者の批判の説得力も弱まっているように思われる。また，国際金融法の正統性を論じる第4章は「民主主義理論」の議論に終始しており，第3章でみた理論への言及はほとんどない。

著者によれば，この本は「首尾一貫した学問としての国際金融法の研究のための理論的な構成部品」を提供するものというのであるが，著者が首尾一貫して依拠するのはコスト便益分析くらいであり，理論的な構成部品がなんなのかは明確にはされていない。

第5章は，国際金融システムを金融危機前，金融危機後の改革および改革批判の3段階に分けて説明するが，同じ論点（例，シャドウバンキング）を三カ所で論述すると変化が捉えにくい。さらに，金融危機後の2年半の期間は未来を予想するには短すぎるようにも思われる。

しかしながら，著者の国際金融危機後の変化についての観察は，わが国の実務家の「比較的狭い専門家集団の中での交渉を中心とした過程から，各国首脳や世論までを巻き込んだ過程への変化が生じた」（氷見野良三「金融危機後における国際基準設定過程の変化とわが国の対応」『日本国際経済法学会年報』第20号55頁（2011年））という実感とも一致して，極めて興味深い。また，著者の「重要なことは，各国の規制当局が採用すべき戦略が国内市場の参加者に有利なだけではなく，全体的な規制の有効性というより大きな目標を達成するようなものであることだ。」（282頁）という認識は，「より広い関係者に対する説得力」（氷見野「前掲論文」55頁）「世界全体を見据えた……大きな考え方の体系を持って主張」し必要な妥協を大胆にする（氷見野「前掲論文」66-68頁）という実務家の新しい交渉スタイルの提案と極めて近いことも，著者の処方箋の実際性を示している。

この本が強調するソフトロー的な力の淵源は，著者の次の言葉に端的に含まれている。「金融において成功する手腕は，国際基準設定へ積極的に参加することおよび国家の規

制目標を実現しつつ,グローバルな金融システムの安定を達成するために,透明性,説得力およびリーダーシップをスマートに展開することである(284頁)」。

(大阪大学大学院国際公共政策研究科教授)

藤澤尚江
『債権・動産を活用した金融取引と国際私法』
(同文館,2014,viii +180頁)

森 下 哲 朗

　本書は,近年,活発に行われるようになってきたと言われる債権や動産を譲渡や担保の目的として活用する金融取引,具体的には,ファクタリング,証券化,ABLなどを念頭に置き,債権や動産の譲渡や担保取引が国境を越えて行われる場合における準拠法の決定という問題に関して,諸外国の状況を踏まえ,日本法のあり方を論ずるものである。

　著者は,これまでも債権譲渡や動産担保に関する多くの論文を公表してきたが,本書は,こうした著者の長年にわたる研究を纏めたものであり,大阪大学大学院に提出された博士論文を基礎とするものである。

　本書は,全体で7章から構成されている。まず,序章では,近年,米国等では債権や動産等の資産を活用した金融取引に資するような国際私法ルールが制定されているのに対して,日本では,法例から法の適用に関する通則法(以下「通則法」)への改正の過程において同様のルールの必要性に関する議論があったにもかかわらず,結局「将来の課題として先送り」されたとし,「債権や動産を活用した金融取引を考える際,わが国の国際私法は現状のままでよいのだろうか?」(4頁)との問題意識が示される。

　続く第2章では,日本の状況に関して,法例改正作業の際の議論を簡潔に整理している。債権譲渡との関係では,債権譲渡の債務者その他の第三者に対する効力は債権の準拠法によるとすることとされたが(通則法23条),第三者に対する効力について債権の準拠法が採用された主な理由は,債権譲渡は債権の運命の問題であること,そして,債務者に対する効力と第三者に対する効力を一体的に解決できることであるとする。また,動産担保との関係では,約定担保権について目的物所在地法によることについて大きな問題は指摘されておらず,実務的にも資産流動化等の観点から特別の規定を設ける必要はないとされたため,動産担保について特別の規定を設けないこととされたと述べている。

　第3章から第6章は,海外の状況を紹介する部分である。第3章では米国,第4章で

はUNCITRALの債権譲渡条約および担保付取引に関する立法ガイド，第5章ではEUのローマⅠ規則と英国，第6章ではオーストラリアにおける債権譲渡及び動産担保に関する抵触法ルールの状況が詳細に検討されている。担保に関する実質法ルールは，担保の対象や担保権の種類についての用語や内容等がそれぞれのルールで異なることもあって，分かりにくく，正確に理解するのは難しいというのが紹介者が常々抱いている印象であるが，本書では本文や脚注などで丁寧に用語や内容等が解説されており，読者にとって有り難い。

　まず，第3章では米国のUCC（統一商事法典）第9編における抵触法ルールの内容が検討されている。UCC第9編では，債権譲渡や動産担保の第三者に対する効力についてのみ規定を置き，債権に対する担保権についても，動産についての非占有型担保権（登録によって成立させることができ，担保物の占有を必要としない担保権）についても，譲渡人・担保権設定者の所在地法によるとされている。他方，動産についての占有型担保権については，目的物所在地法によるとされる。重要なのは，非占有型担保権について，対抗要件具備の効果や優先順位については目的物所在地法によるとされている点であり，これは同一の担保物につき占有型担保権や法定担保権を有する者と非占有型担保権を有する者が存在する場合，これらの者が有する権利の優先順位が異なる準拠法により判断されるという不都合を回避するためであると説明されている（45頁）。この結果，動産について担保権設定者の所在地法に従い非占有型担保権の登録をしたとしても，担保権者として当該動産から優先的に回収できるかどうかは目的物所在地法次第ということになる。また，債権譲渡の対抗要件について譲渡人の所在地法によるとされている場合であっても，当該所在地が米国外であって登録による債権譲渡や動産担保の対抗要件具備の制度を有していない場合には，譲渡人の所在地はワシントンDCにあるものとされることが紹介されている（25頁）。譲渡人の所在地法によるという抵触法ルールが，登録による対抗要件具備という実質法ルールと密接に結びついたものであることを示すものであると思われる。

　第4章では，まず，UNCITRALで2001年に採択された債権譲渡条約（UNCITRAL Convention on Assignment of Receivables）では，債権譲渡の第三者に対する対抗要件について，準拠法の決定が容易であること，譲渡人の所在地において譲渡人の主倒産手続が開始される可能性が高いことといった理由から，譲渡人の所在地法によることとされたことが紹介される（60頁以下）。債権譲渡条約では，債権譲渡の準拠法について，譲渡人と譲受人との間の関係は当事者が選択した法，債務者に対する効力は譲渡される債権の準拠法，第三者に対する効力は譲渡人の所在地法によるとしており，「あえて統一的な処理をはかろうとしていない」と指摘している（68頁）。次に，2007年に採択された担保付き取引に関する立法ガイド（Legislative Guide on Secured Transactions）では，担保権の設定・第三者に対する効力・優先順位について，担保物が無体物である場

合には担保設定者の所在地法により，有体物である場合には目的物の所在地法によるとのルールが採用された。有体物への担保権の対抗要件について立法ガイドがUCCと異なるルールを採用した点については，立法ガイドが「担保設定者（譲渡人）所在地法による有体物と無体物との統一的な規律よりも，有体物に対する担保権に関して例外を最小限にとどめるルールを選択した」ためであると分析している（67頁以下）。

　第5章では，まず，EUのローマI規則について，ローマI規則では譲受人と債務者との関係については譲渡対象債権の準拠法によると規定するが（14条），第三者に対する効力については明記しておらず，ローマI規則のもとで債権譲渡の第三者に対する効力の準拠法をどのように解すべきかについては見解が分かれていると述べる。そして，ローマ条約からローマI規則への改正作業の過程で，債権譲渡の第三者に対する効力は譲渡人の所在地法によるとのルールを盛り込むことが提案されたが，英国等が譲渡対象債権の準拠法によるべきことを主張した結果，第三者に対する効力についての規定を盛り込むことは見送られたことが指摘されている（73頁以下）。なお，この第三者に対する効力等の問題については，欧州委員会がレポートを作成することとなっており（75頁），British Institute of International and Comparative Lawが欧州委員会の依頼を受けて，2012年に詳細な報告書を作成・公表している（この報告書については137頁以下で触れられている）。次に，英国法では，債権譲渡を「債務者と直接の契約関係に立つ者が現在は誰なのかという契約上の問題」ととらえ，譲渡対象債権の準拠法によるとの見解が通説であるとされる（79頁以下）。但し，英国においても，将来債権を含む集合的な債権譲渡は例外的に扱い，譲渡人の所在地法によるべきとの見解が有力に主張されていることが紹介されている（80頁）。

　第6章では，オーストラリアの2009年動産担保法（Personal Property Securities Act 2009）における抵触法ルールについて，オーストラリア法に影響を与えた米国UCC，カナダのサスカチュワン州法，ニュージーランド法，UNCITRAL立法ガイドとの比較を行いながら検討する。2009年動産担保法では，担保取引の物権的な側面について，①担保物の所在地に関わらず，担保設定者がオーストラリアの事業体であれば合意によってオーストラリア法を準拠法とすることを認め，②そうした明示の選択がない場合には，有体物については物の所在地法に，無体物については担保設定者の所在地法による，とのルールを採用している。①の点はオーストラリアの法制の特徴であるが，この規定については，(ｱ)当事者自治を認めつつ，その準拠法の範囲を限定した規定，(ｲ)担保権設定者所在地法の適用を認めつつ，当事者自治による制限を設けた規定，という二通りの解釈が可能であるとしたうえで（108頁以下），こうした法制には，当事者の期待を保護できる，物品と債権とを同一のルールで規律できる，複数の法域に所在する動産を単一の法のもとで一括して担保にとることができる等のメリットがある一方で，当事者自治を認めた場合には第三者の利益を害する可能性がある，担保物の所在地の裁判所が当事者

が選択した地の法を適用する保証はない等のデメリットがあると指摘している（117頁以下）。

　以上の比較法研究を踏まえ，第7章では著者の見解が主張される。債権譲渡に関する著者の見解は，単一の債権を個別に譲渡する際の第三者に対する効力は，通則法23条に従い，譲渡債権の準拠法によるが，多数債権の一括譲渡を行う場合には，例外的に，譲渡人の所在地法によるとすべきであるというものである（132頁）。そのうえで，譲渡債権の準拠法によるという原則に従うか，譲渡人の所在地法によるという例外によるかについては，日本に主たる営業所を有する譲渡人が，債権・動産譲渡特例法上の債権譲渡登記をした場合には，通則法23条の例外の適用を選択したものとして，日本法により第三者に対する効力を規律するとのルールを提唱し，当事者の選択に委ねることを主張する（144頁）。このように，いずれのルールによるかを当事者自治に委ねる点が著者の主張のポイントの1つである。なお，集合的な譲渡と個別債権の譲渡が競合した場合の優先関係については，いずれの譲渡が先になされたか（先に有効な譲渡がなされていれば，後の譲渡はできなかったはずである）を基準として優劣を決定することが主張される。次に，動産担保については，債権譲渡と動産担保を国際私法上も統一的に規律するという観点から，動産担保の場合についても，譲渡人が日本に主たる営業所を有し，債権・動産譲渡特例法上の登記をした場合には，通則法の例外として，動産の所在にかかわらず，日本法上の効力を認めることが考えられるとする（154頁）。なお，以上のような見解は必ずしも立法論としてのみ展開されているものではない。我が国における一般的な見解は，集合的な債権譲渡の場合にも通則法23条が適用されるというものであるが（例えば，櫻田嘉章・道垣内正人編「注釈国際私法第1巻」558頁［北澤安紀］），著者は，通則法23条の立法時には将来債権を含む多数債権の一括譲渡の場合のルールについては将来に先延ばしされたと考えることができるとし，条理等により，解釈論としても上記のような考え方を導く余地があるのではないかとの見解に立つ（125頁以下）。

　本書の第3章から第6章における比較法研究は，各ルールの内容だけではなく，各ルールの作成のプロセスでどのような議論がなされ，どういった選択がなされたのかについても丁寧に説明するものである。債権譲渡，動産担保取引の準拠法に関する各ルールの間には様々な違いがあり，登録による対抗要件の具備を認める実体法ルールとの関係をどのように考えるか，集合的な債権・動産の取引と単一の債権・動産の取引のどちらに重きを置くか，債権譲渡と動産担保を統一的に扱うか，等の点での考え方の違いが，ルールの違いに結びついていることが良く分かる貴重な資料であると考える。

　本書で示された著者の見解に対しては，まず，立法論としてはともかく，通則法23条に照らすと，解釈論としては難しいのではないかといった疑問が示されるのではないかと思われる。立法論として，著者が主張するようなルールを導入することの意味は，債務者に対抗できるかどうか，あるいは，実際に動産から優先回収を図ることができるか

どうかは定かではなく，その意味では，限定的な効果しか有さないかもしれないが，少なくとも一定の範囲の第三者との関係では，債権の準拠法や動産の所在地に関わらず，自己の所在地において登録をすることによって対抗要件を具備できるという簡便な方法によることを，国際私法上も認めるかどうか，という点にあるように思われる（債権・動産譲渡登記制度自体も，第三者対抗要件だけは簡易に具備したいというニーズに応えたものである）。この点を肯定するならば，そのような簡便な方法によるかどうかを当事者の選択に委ねるという著者の見解には，一定の説得力があるように思われる。なお，私見では，そうしたルールの導入の当否を検討する際の本質は，最密接関連地法の探求というよりも，債権譲渡・動産担保に関する登録制度という制度の存在を前提に，かかる制度のもとでの登録の効果を国際的にも承認するかどうか，といった点にあると考えている。

　法例改正時には，集合的な債権譲渡や動産担保に関する特別のルールを導入することに対する実務的なニーズが乏しいとされたが（但し，著者はこの点にも疑問を示している（130頁）），実務界からのニーズが高まりを見せた場合には，本書に示された見解は立法の参考にされるべき有力な見解の1つとなるであろう。

　　　　　　　　　　　　　　　　　　　　　　　（上智大学大学院法学研究科教授）

編 集 後 記

　年報第24号も例年にならい昨年秋の第24回研究大会の報告を中心に編集することとした。前号同様に，発行部数削減に伴う本誌の定価の上昇を抑えるため，本号も総頁数を従来より大幅に削減せざるを得ず，論説および文献紹介について，各執筆者に字数制限を厳格にお守りいただいた。また，文献紹介の本数も絞らざるを得なかった。その結果，本号では，論説計9本，座長コメント計2本，および文献紹介計5本を掲載することとなった。各執筆者にはお忙しいなか短期間にご寄稿いただき，また字数制限をお守りいただいたことに感謝申し上げたい。あわせて，数本の原稿については査読手続に付したが，お忙しいなか査読をお引き受けいただき執筆者に懇切なコメントをしてくださった匿名の査読者にも厚くお礼申し上げる。

　第8期（2013〜15年）編集委員会による本誌の編集も本号で終了する。今期は，上記のように発行部数削減に伴う定価の上昇を抑えるために総頁数の削減を断行しなければならないという状況の中で苦渋の編集作業をしてきたように思う。何よりも編集委員でさえ論説原稿の字数が18000字というのはいかにも少ないと感じている。この点，昨年度の会費値上げにより学会財政の改善も期待できるところから，次期編集委員会には，高品質の論説を掲載し学会誌の水準を維持していくために，字数制限の見直しを是非検討していただきたいと考える。

　今期編集委員会のメンバーは，副主任の伊藤一頼，久保田隆，髙杉直，西海真樹，東條吉純，および泉克幸の各氏であった。編集方針の決定，論説執筆者の選定，文献紹介のための選書と執筆候補者の選定および依頼の打診など，この3年間にわたり様々にご苦労とご協力をいただいた。編集主任として，ここに記してお礼を申し上げたい。

　法律文化社の田靡順子社長と編集部の舟木和久氏には，いつもながらきわめて厳しいスケジュールの中でご苦労をおかけした。ここに記して深謝する。

平　　覚

執筆者紹介 （執筆順）

中 谷 和 弘	東京大学大学院法学政治学研究科教授
髙 橋 誠一郎	外務省経済局経済協力開発機構室長
渕 　 圭 吾	神戸大学大学院法学研究科教授
梅 田 　 徹	麗澤大学外国語学部教授
濱 田 太 郎	近畿大学経済学部准教授
髙 杉 　 直	同志社大学法学部教授
諏 佐 マ リ	熊本大学法学部准教授
小 塚 荘一郎	学習院大学法学部教授
曽 野 裕 夫	北海道大学大学院法学研究科教授
Alejandra Maria González	名古屋大学大学院国際開発研究科博士後期課程
内 田 芳 樹	ニューヨーク州弁護士
張 　 博 一	同志社大学法学部助教
ウミリデノブ　アリシェル	名古屋大学大学院法学研究科特任助教
関 根 豪 政	名古屋商科大学コミュニケーション学部専任講師
兼 頭 ゆみ子	中央大学法学部非常勤講師
野 村 美 明	大阪大学大学院国際公共政策研究科教授
森 下 哲 朗	上智大学大学院法学研究科教授

日本国際経済法学会年報 第24号　2015年
国際経済法の発展における OECD の役割

2015年11月20日発行

編集兼
発行者　日 本 国 際 経 済 法 学 会
　　　　　　代表者　根 岸　　哲

〒657-8501　神戸市灘区六甲台町2-1
神戸大学法学部（泉水文雄研究室）

発売所　株式会社　法 律 文 化 社

〒603-8053　京都市北区上賀茂岩ヶ垣内町71
電話　075(791)7131　FAX　075(721)8400
URL：http://www.hou-bun.com/

©2015 THE JAPAN ASSOCIATION OF INTERNATIONAL ECONOMIC LAW, Printed in Japan
ISBN978-4-589-03710-7

日本国際経済法学会編

日本国際経済法学会年報

第18号（2009年）　グローバル経済下における公益実現と企業活動　第1分科会：私法系　第2分科会：公法系　　　　A5判・256頁・定価 本体3500円＋税

第19号（2010年）　条約法条約に基づく解釈手法　権利制限の一般規定
　　　　　　　　　　　　　　　　　　　　　　　A5判・237頁・定価 本体3500円＋税

第20号（2011年）　世界金融危機後の国際経済法の課題　APEC2010とポスト・ボゴールにおけるアジア国際経済秩序の構築　　A5判・314頁・定価 本体4000円＋税

第21号（2012年）　　　　　　　　　　　　　　A5判・326頁・定価 本体4100円＋税

日本国際経済法学会20周年記念大会　　理事長挨拶…小寺彰／歴代役員代表者祝辞…宮坂富之助，黒田眞／記念講演…松下満雄，根岸哲，柏木昇／ゲスト講演…Muchlinski, Peter
国際経済法における市場と政府　　企画趣旨…研究運営委員会／国際経済法における「市場 vs. 政府」についての歴史・構造的考察…柳赫秀／中国における市場と政府をめぐる国際経済法上の法現象と課題…川島富士雄／EU の経済ガバナンスに関する法制度的考察…庄司克宏／国際経済法秩序の長期変動…飯田敬輔
国際知財法の新しいフレームワーク　　座長コメント…茶園成樹／技術取引の自由化…泉卓也／遺伝資源・伝統的知識の保護と知的財産制度…山名美加／著作権に関する国際的制度の動向と展望…鈴木將文
自由論題　　証券取引規制における民事責任規定の適用…不破茂／投資条約仲裁手続における請求主体の権利濫用による制約…猪瀬貴道

第22号（2013年）　　　　　　　　　　　　　　A5判・314頁・定価 本体4000円＋税

資源ナショナリズムと国際経済法　　座長コメント…横堀惠一／「天然の富と資源に対する恒久主権」の現代的意義…西海真樹／パイプライン輸送をめぐる紛争と国際経済法…中谷和弘／資源ナショナリズムに基づく輸出制限行為に対する競争法適用による解決の可能性…土佐和生
北朝鮮著作物事件　　座長コメント…長田真里／北朝鮮著作物事件─国際法の観点から…松浦陽子／北朝鮮著作物事件─国際私法の観点から…金　彦叔／北朝鮮著作物事件─知的財産法の観点から…青木大也
自由論題　　TBT 協定2条1項における「不利な待遇」の分析…石川義道／RCEP 協定における紛争解決制度に関する考察…福永佳史／投資仲裁における課税紛争…ウミリデノブ　アリシェル／WTO 紛争処理制度の意義と限界…京極（田部）智子

第23号（2014年）　　　　　　　　　　　　　　A5判・270頁・定価 本体4000円＋税

環太平洋パートナーシップ協定（TPP）　　座長コメント…間宮勇／TPP の背景と意義…中川淳司／TPP の背景と意義〈コメント〉…林禎二／TPP と農業再生…山下一仁／経済連携協定と WTO 協定を巡る通商ルールと産業競争力…風木淳／公正衡平待遇条項の適用実態…坂田雅夫
国際化時代の不正競争　　座長コメント…駒田泰土／国際不正競争の準拠法…出口耕自／国際訴訟競合と民事訴訟法3条の9…實川和子／技術に関する営業秘密の保護と知的財産権の帰属規定…内田剛
自由論題　　国際通商法における無差別原則と相互主義…平見健太／国家債務再編と投資協定仲裁…石川知子／国際私法における不法行為地法主義の経済学的分析…森大輔

上記以外にもバックナンバー（第4号〜第17号）ございます。ご注文は最寄りの書店または法律文化社までお願いします。　　ＴＥＬ 075-702-5830／FAX 075-721-8600　URL:http://www.hou-bun.com/